光明语学漫录

邢福义 著

商务印书馆
创于1897 The Commercial Press

2020年 · 北京

图书在版编目（CIP）数据

光明语学漫录 / 邢福义著．—北京：商务印书馆，2020

ISBN 978-7-100-18140-2

Ⅰ．①光…　Ⅱ．①邢…　Ⅲ．①国学－文集　Ⅳ．①Z126.27—53

中国版本图书馆 CIP 数据核字（2020）第 033281 号

光明语学漫录

邢福义　著

商　务　印　书　馆　出　版

（北京王府井大街 36 号　邮政编码 100710）

商　务　印　书　馆　发　行

北京艺辉伊航图文有限公司印刷

ISBN　978－7－100－18140－2

2020 年 4 月第 1 版　　　开本 850×1168　1/32

2020 年 4 月北京第 1 次印刷　　　印张 $8^1/_8$

定价：28.00 元

前言

书名中的“光明”，语义双关，在背景上泛指国家的光明，在对象上主要借指《光明日报》。“语学”，这里主要指“汉语语言学”。“漫录”表明所录文章角度不一、题目大小不一，还有其他这样那样的不一。

《光明日报》为中共中央主办的思想文化大报，以知识分子为主要读者对象，是党和国家联系各方面读书人的桥梁和纽带。创刊于 1949 年 6 月 16 日。当年，毛泽东主席题写了《光明日报》报头。此后，随着国家的日新月异，欣欣向荣，《光明日报》越办越好。现如今，人文社会科学界创新风气浓厚，中国的学者既尊重国外论说，又努力于文化输出，《光明日报》定会发表更多的好文，起到更大的作用。

从青年时代起，我就向往《光明日报》。1935 年 5 月出生的我，2002年在《光明日报》上发表报道式的文章2篇。这时已经67岁。两年之后，从2004年起，才有了在《光明日报》上连续发表文章的机会。现在，已然84岁高龄。感谢商务印书馆总编辑周洪波先生，他热情地鼓励我整理成为一本集子，让读者能够连串起来看看这些跟汉语研究有直接或间接关系的文章。我欣然接受了周先生的建议。

这部集子收录的文章，在目录中列出的，共32篇。其中，发表在《人民日报》上的，1篇；发表在《光明日报》上的，30篇；还有1篇，同时见于商务印书馆出版的两本书，是光明日报编辑部组织编写的。集子中，目录与正文，皆按时间先后排列。

这部集子，10万字左右，长度似乎合适；字数多了，翻看不便。集子的文章中，《国学精魂与现代语学》是讲演稿，比较长。不过，可以把此文所包含的几个部分，当作几篇小文来看看。集子中，几篇文章的末尾加上"插说"。这些插说，或者做点说明与解释，或者引入相关的短文，都是为了增添点信息量。插说的短文，不在本书的目录中列出。

我是华中师范大学语言研究所的教师，现代汉语语法是我教学与研究的主要对象。几十年来，越来越感觉到，要讲好现代汉语语法，必须联系“左邻右舍”的相关现象，诸如古代汉语语法、语用修辞、方言话语、逻辑知识、国学修养等；在此基础上，还必须建立起自己的一套“国产”理论，既重视外来理论的引进，更重视植根于本土的理论体系的创建，对中国式学派的形成有所思考。我坚信，这是我国文科各门学问壮大起来，能够跟外国理论平等对话的必由之路。正因如此，在我写给《光明日报》的文稿中，特别是参加国学问题的讨论中，往往提到这个话题。但是，我不是国学家，在一定程度上，写起这类文章来是为了练笔。尽管认真，难免有失。敬请方家和读者指正。

个人深知，天涯地角有穷时，只有学问无尽处。活到老学到老，这是最有意义的人生！

目　录

01

语言的文化与文化的语言

语言与文化关系之密切，也许可以用“水乳交融”来形容。例子俯拾皆是。庾信《马射赋》中有“落花与芝盖同飞，杨柳共春旗一色”一联，王勃在《滕王阁序》中化为“落霞与孤鹜齐飞，秋水共长天一色”，于是成了千古传诵的名句。“……与……齐……，……共……一……”之类是语言格式，但它一旦撑起了名句，充当了名句的基本框架，便同名句一起升华成具有特殊价值的文化现象。因此当我们读到金庸《天龙八部》三十二回中“不知此人请了哪一个腐儒撰此歌功颂德之辞，但听得高帽与马屁齐飞，法螺共锣鼓同响”这样的描写，就很自然地想起王勃的佳句，也就很自然地产生强烈的对比，为那是何等淡雅清丽和这是多么龌龊庸俗而不禁哑然失笑。

语言是文化的符号，文化是语言的管轨。好比镜子或影集，不同民族的语言反映和记录了不同民族特定的文化风貌；犹如管道或轨道，不同民族的特定文化，对不同民族的语言的发展，在某种程度、某个侧面、某一层次上起着制约的作用。当然，严格地讲，语言和文化不是一般的并列关系，而是部分与整体的对待关系。文化包括语言，语言是文化中的一种特殊的文化。我们研究语言与文化之间符号与管轨的关系，立足点是它们之间的点面对待关系。

语言工作者应该关注语言与文化的关系之研究。结合文化来研究语言，是语言学研究特别是中国语言学研究的一个传统。举例来说，汉民族文化对于汉语词汇的发展、汉语词义的演变、汉字的创造和使用等的影响，这是十分明显的。那么，汉语语法的形成和发展会不会也有深刻的文化背景呢？这是一个很值得思索的问题。汉语语法重“意”不重“形”。形式上框架简明，没有繁多的标记；表意上灵活多样，隐性语法关系十分丰富。理解汉语，特别是阅读汉语古籍，最主要的障碍不是语法。正因为如此，我国古代率先出现的语言学著作是讲词义、讲文字、讲语音的《尔雅》《说文解字》《广韵》等，而不是语法学专著。琼瑶的小说《哑妻》中有这么一段描述：

雪儿望着爸爸，然后垂下头去，找了一根树枝，在地下写："你是我的爸爸？"

柳静言点点头，雪儿又看了他好一会儿，然后写："爸爸，你想死我们了！"

不必在形式上有什么特定的标记，以汉语为母语的人都懂得，"你想死我们了"等于"我们想死你了"，也等于"你让我们想死了"。这种特殊句法的成立，有其自身的规律，但那是语法研究的专题，可以不说。这里我们感兴趣的是这个句子表面上像是主动句，表意上却是被动句或使动句，对话者和我们读者理解起来不仅不困难，反而感到自然而亲切。这是不是表明彼此具有共同的文化心态？是不是表明，汉语的这种重"意"不重"形"的语法，跟汉民族的含而不露的文化心态等因素存在着一定的因果联系？

文化语言学的体系组建，不妨提倡不同角度、不同途径的探索。探索的结果，或许可以形成文化语言学的不同分支或不同流派。

着重从相互关系上阐述文化语言学，这并不意味着文化语言学的结构只能如此，也不意味着这样的文化语言学的结构是最理想的。我们深信，作为一门学问，文化语言学同其他任何学问一样，一定会随着研究工作的逐步深入而不断发展，不断成熟，不断完善。

《光明日报》2002年12月5日

【插说】

本文选自湖北教育出版社于1990年出版的《文化语言学》第一版序。

《文化语言学》出版之后，梁枢先生到华中师大语言研究所来访问。梁先生是北京大学高材生，《光明日报》的高级编辑。他学识渊博，头脑清晰，我们聊了个把小时。这是我跟梁先生的第一次见面，从此我们成了知心朋友。他把这本书带了回去，将序言的最后一自然段删去，定题为“语言的文化与文化的语言”，在《光明日报》上发表了出来。这是我们合作的一篇文章。

后来，于2000年《文化语言学》增订本出版时，我又写了一篇增订本序。下面是增订本序的一部分，剪录于此，借以补加同一命题的若干语用实例：

社会发展越急剧，人的思想越活跃，语言和文化的交合也就越发加速，越是多姿多彩。

……

就一般性的语言运用而言，不管人们的思想触角伸向何处，我们几乎可以经常看到语言与文化的巧妙融合。蒋子龙写了一篇《畅叙黎子流》的小说，其中对某些地区、某些部门一、二把手之间闹矛盾发出感慨，说是形成了一条规律：大凡“内战内行”的大多“外战外行”，而最后倒霉的还是老百姓。小说接着写道：“市长和书记之间能够唱‘哥俩好’，其他人就会大唱‘团结就是力量’。”（《中篇小说选刊》1997年第4期85页）《哥俩好》是一部群众喜爱的喜剧片，《团结就是力量》是一首家喻户晓的歌曲，它们都属于文化。然而，把它们的名称作为一个短语用到动词“唱”的后边，形成一个动宾组合，便能够从语言运用的角度恰到好处地表述一、二把手搞好团结的重要意义。由于“哥俩好”和“团结就是力量”本是两个名称，其内涵却又十分丰富，其字面却又十分切合意旨，因此话说出来语意双关，不仅显得很有风趣，避免了平板的说理，而且能够打动人，使人深受启迪。这样的精彩用法，表明了语言运用中文化因素的闪光。

一、二把手的团结属于“大事”，我们再来说个日常生活中的“小事”。蒋韵《现场逃逸》这篇小说中有这么一段描写：

“鳜鱼是活的吗？死的我可不要。”

“瞧您怎么说话。”跑堂小姐笑吟吟望着他，“能拿死的蒙您吗？昨天才从海里打捞上来，空运来的。”

小姐飘然而去许久之后，林则才收拢他大张的嘴巴。“什么时候鳜鱼变成海鱼了？”他问胡石。

“这都不懂？人都下海了，何况鱼？”胡石笑嘻嘻回答。(《小说月报》1997 年第 6 期 71—72 页)

……

稍有常识的人都知道，鳜鱼是淡水鱼，不是海鱼，“下海”的“海”跟“海鱼”的“海”已经不是一回事，一个人不会因为“下海”便成为“海人”。跑堂小姐的“广告”没做好，说话出了漏洞，弄巧成拙。林则那一问，已够幽默；胡石这一答，更是出奇制胜，妙语怡人。胡石巧妙地在“海”字上做文章，把二者联系起来构成一个类比推理，跟当今的社会风气开了个小玩笑，让读者也跟着十分开心。这样富于风趣的言语，是才情和智慧的生动反映，这里面同样有着文化因素的闪光。

诚然，值得发掘和解释的现象非常之多，而且越来越多，文化语言学的研究十分必要，大有可为。而任何一种研究事业，特别是人文社会科学领域的研究事业，都总是跟着社会的前进而前进，随着研究对象的发展而发展的。……

02

语言学研究跨越式发展令人瞩目

十三年以来，我国高校学科建设取得重大进展。日前，记者采访了华中师范大学博士生导师、国家语言与语言教育研究中心主任邢福义教授。他向记者详细介绍了语言学学科在这十三年中的巨大发展和崭新变化。

记者：邢教授，十分高兴地听说您刚刚出席了在香港举行的“杰出学人成就表扬典礼”，同五位院士和另外一位文科教授一起接受了表彰。作为一名语言学研究的资深教授，您能不能谈一谈十三年来我国语言学研究的进展和成就？

邢：二十世纪九十年代以来，我国语言学界各个研究领域的发展变化，可以用“巨大”二字来形容。同以往相比较，十三年来，不管是现代汉语语法学、词汇学、语音学、语用学、方言学、古代汉语音韵学、训诂学、文字学，还是中国少数民族语言学，世界汉语教学，以及边缘性学科如社会语言学、文化语言学、数理语言学、实验语音学等，都有令人瞩目的长足进步。整个中国语言学界显得生机勃发，发展势头相当强劲。特别值得注意的是：第一，整个学界普遍重视结合中国语言的特点来探索和总结语言研究的理论和方法；第二，我国语言学家充分认识到汉语的本体研究必须跟计算机信息处理相结合，只有促进二者的“联姻”，才能更加有效地为国家的现代化和中华民族的伟大复兴做出贡献。

记者：的确令人鼓舞。为什么在短短的十三年内，我国语言学能够有如此迅速的发展呢？

邢：适逢盛世，迎春花开。党的正确方针、路线、政策，营造出了中国的当今盛世，引来了我国科学的春天，这是学术得以发展的根本。十三届四中全会以来，党的建设中国特色社会主义的理论，给学者们提供了明确的思路。有了明确的思路，才会有明确的目标和追求。在学科建设中，我们力求建立起有中国自己的特色、能够跟国外语言学平等对话相互交流的汉语语言学，显然跟邓小平理论和“三个代表”重要思想的指导分不开。目前，我们在不断地推出新的研究成果，并努力建设具有动态推移性和连锁递进性的学科队伍，以保证学科的持续发展，这全都同党与时俱进、求实创新精神的指引息息相关。

（按：本文是接受通讯员和记者采访的谈话记录。华中师大通讯员为邓虹和程秀丽，《光明日报》记者为郭扶庚。）

《光明日报》2002年12月22日

03

在突破口上

——谈建立中国特色的汉语语法学

教育部重大研究课题“汉语句法机制多层面探究”日前在华中师范大学结题，并以《汉语句法机制验察》为书名由三联出版社出版。这项历时三年完成的科研课题是我国汉语语法研究领域的最新成果。近日，郭生采访了课题主持人邢福义。

问：马建忠于1898年问世的《马氏文通》成就了作为一门科学的汉语语法学的第一个篇章。一百多年来，汉语语法研究经历了不同的发展时期，但研究始终指向一个目标：揭示汉语语法事实的客观规律性。这是汉语语法研究的具有一贯性的优良传统。请问近几年，我国汉语语法研究在哪些方面比较活跃？

答：仅就2000—2004年而言，值得注意的是这么几个方面：其一，在研究思路和研究方法上，有理论化的追求；其二，在问题的论述上，单句句式研究、复句句式研究、词类研究、虚词研究、语法化研究、类型学研究、认知研究和配价研究等，都有相当多的高质量成果；其三，结合共同语语法的研究，方言语法受到了前所未有的关注；其四，汉语语法研究者与中文信息处理研究者的合作研究，开始成为热门话题。

更值得关注的是，我国语法学者的研究，从近五年的研究成果看，大体说已形成了三大倾向：其一，“形义语法”。重视形式与语义的相互验证，注意考察语用对语法的影响，崇尚多角度、多侧面的动态研究思路。其二，“认知功能语法”。借鉴认知语法和功能语法的理论，重视从句法外因素来观察、分析汉语语法的现象，从认知和功能角度来揭示或解释汉语语法的规律。其三，“形式语法”。借鉴乔姆斯基的生成语法理论，研究汉语问题。从一些青年研究者的成果，可以看出前两种倾向有融合的趋势。不过汉语语法学虽然发展速度很快，但至今仍然缺乏显示成熟的鲜明标志，距离真正成熟还十分遥远，这是可以肯定的。

问：学派的形成和中国特色汉语语法学的创立，二者的关系如何？

答：形成汉语语法研究的中国学派，是创立中国特色汉语语法学的基本条件和突出标志。在这一点上，我们有明显的弱点，这就是：原创性理论不多，学派意识不浓，没有真正形成“百家争鸣”的繁荣局面。当前，中国语言学应该以“能够跟国外理论平等对视”作为第一追求。了解和引进国外语言学理论很有必要，但是，不能总是跟着跑。只有努力摆脱附庸地位，在深入研究汉语特点的基础之上，提出能够跟别人平等对话、相互交流的学说，中国的语言研究才能真正做到“同国际接轨”。须知，接轨是双向的。要跟强者接轨，自己必须成为强者。小羊，不可能和狼接轨！

问：学派的形成，应该具备哪些条件？需要多少时间？

答：学派形成的条件，择要地讲，应该是：第一，开辟了富于特色的学术领地，有自己的“特区”。第二，提出了富于个性的学术路数，有标帜性理论和自己成套的研究方法。第三，展示了自成体系的学术成果，有供人罗列称说的代表著作。其四，造就了强势团队，有轴心人物，有核心成员，有上传下承、日益壮大、可以穿越时空的学者队伍。学派形成的时间，起码需要三五十年，需要几代人的接力，绝对不能一蹴而就。从无到有，从小到大，这是事物发展的必由之路。现在，必须大声疾呼，要有一种学派的意识，要有一种形成学派的追求。有没有这个开端，至关重要。正像一部大剧，没有序幕，就不会有剧情的发展。

问：三联书店最近出版的《汉语句法机制验察》一书，反映什么样的研究路数？

答：我们一直在追求形成富于个性的研究路数。我们的研究路数，可以概括为四点：其一，基本主张："研究植根于汉语泥土，理论生发于汉语事实"；其二，基本理论："小句中枢说"；其三，基本视角："句管控"；其四，基本方法："两个三角"（"表—里—值"小三角＋"普—方—古"大三角）。《小句中枢说》（1995）、《汉语语法学》（1996）等论著，是这一研究路数的奠基之作。《汉语句法机制验察》一书，既反映这一研究路数，又通过研究实践，使这一研究路数得到了改善与提升。任何理论的出现都不可能是突兀的，以"小句中枢"为代表的理论与方法的提出，是对前辈学者种种理论进行学习与钻研之后提炼己见的结果。目前，我们的研究路数还很不完备。新创刊的《汉语学报》（商务印书馆出版，国内外公开发行），已从2004年第1期起开辟专栏，开展“小句中枢”理论的讨论，这一讨论将延续一年半的时间。这么做，就是希望国内外语言学者都来审视我们的研究路数，提供宝贵的意见，以便不断去粗存精，补缺加固。

问：句法机制的研究，对汉语语法研究的深入有什么重要意义？

答：汉语语法重句法。要深化汉语语法研究，必须从不同角度、不同层面去深入研究汉语的句法机制。举个例子：“生前”和“死前”，“生”和“死”是公认的一对反义词，怎么组合成“生前”和“死前”之后变成同义词语了呢？“死前”等于“死之前”，这好理解；“生前”不等于“生之前”，这是怎么回事？再举个例子：“心里”和“心中”意思相同，“教室里”和“教室中”意思相同。一般认为“里”和“中”相通，可以互换。但是，“夜里”（夜里作了一个梦）不能说成“夜中”，“途中”（他正在来武汉的途中）不能说成“途里”，为什么？诸如此类的问题，都须要通过句法机制的研究才能得到圆满的解释。《汉语句法机制验察》一书中，就有《“生前”和“死前”》与《“X里”和“X中”》两节，详细地回答了有关问题。从学科发展看，逐步深入地开展汉语句法机制的研究，将成为汉语语法研究趋于成熟的重要突破口。汉语信息处理，“句处理”是特别重要的内容，因此，从这一角度看，汉语句法机制的研究同样具有极为深远的意义。

问：展望未来，中国语言学的发展前景如何？

答：学科的发展，映射伟大的民族精神。尽管需要时日，然而，中国的语言学家，有志气也有能力创建有中国特色的汉语语言学，形成自己的学术流派。提一个发人深省的历史事实。当年，王明从苏联带回来一套一套的理论，但是，不符合中国的国情。毛泽东把马列主义跟中国革命实际结合起来，写出了《论联合政府》《新民主主义论》等论著，特别是写出了哲学著作《实践论》和《矛盾论》。毛泽东很了不起。在哲学社会科学领域，毛泽东创建了一个特别大的“中国学派”！我们应该总结“毛泽东的启示”，从而得出一个明确的结论：中国人，能够干出令世界震惊的任何事情。现在，中国已经进入了民族复兴的伟大时代，我们应该也可以有所作为。个人深信，中国正在阔步走向世界，中国的语言学，也必将阔步走向世界。

《光明日报》2004年10月21日书评版

【插说】

《在突破口上——谈建立中国特色的汉语语法学》一文由梁枢先生整理。署名郭生。特表谢意！

我的《寄父家书》于2018年4月由商务印书馆出版。商务主办的《中国语言资源动态》2018年第4期上刊登了《新中国知识分子的家国情怀——邢福义先生〈寄父家书〉出版座谈会专辑》，其中有梁枢先生的发言，对我是很大的鞭策。转录如下。

“国学版”的精神导师

梁　枢（《光明日报》国学版主编）

我跟邢先生第一次认识大概是2002年，谈了有1个小时。2005年，《光明日报》决定设国学版，当时跟几位老先生请教怎么办，其中就有邢先生。后来国学版到了节点上就会请这几位先生，邢先生成了国学版的精神导师，我们一直在他的引领下做事做人。

2008年《三字经》修订时邢先生也给了很大的支持。请先生来做副主任。当时师母已经病倒在床，根本离不开人。邢先生是政协委员，政协会议他都请假，但他为了支持我们，在师大开的修订会议，邢先生来了，他一直把我们的事业当成自己的事。

除了刚才各位老师说到的邢先生的品质、学养外，我从编辑角度感觉到他的特点是效率高，我也分析了原因。一个是邢先生勤奋，每天都在思索，看什么东西都往他的专业上靠，他从点点滴滴里汲取灵感。另外是他有一个计算机的头脑，在非电脑时代有这样的头脑，比一般学者效率高，文献看了以后几乎过目不忘。想到一个题目，就在脑子里一条条地校对一下，效率非常高！“记忆力 + 勤奋”成就了一个大学者。

邢先生是一位能够坚守在“家”的学者，他这些年做的工作是构建语言学的中国学派。我们这些年一直想呼吁这个，还专门去请邢先生。邢先生给我的答复是“我要再看看”，他说的不是看看再动手这个事，而是看看什么时候把这个棋子打出来，这个工作一直在做。他这些年花了很大的精力把自己的著作让英、俄语好的人翻译成外文，其实都是在做这件事情。这种趋势在一些学科里已经开始出现。伦理学、语言学、宗教学、社会学、人类学，这都是东西共有的国际性学科。在这些学科里如何发出中国的声音，有一代代学者在努力，努力之难难于上青天，非常难！但这个工作必须做，为什么？如果你不是在学科意义上跟西方主流学术思想对话，那么这个对话不可能是平等的，你的文化也不可能“走出去”。所以这一步一定要走，问题是有几个人能看到。

有一次邢先生在一个学术会议上刚提出这一点，马上就有学者嘲讽他：中国有什么东西？意思是拿中国的东西放在这个会议上怎么可以。这个话深深刺激了邢先生。邢先生表面上说“看看再说”，实际上每天都在工作。我们越来越深入地了解到，邢先生的格局是大学者之大。在做学者、做编辑、做学问上，他都给了我很多值得学习和反复琢磨的东西。

04

语言研究的“向”和“根”

我们提出“研究植根于汉语泥土，理论生发于汉语事实”的主张，凸显富于个性的学术特点。已经确定以“小句中枢说在汉语与临界领域研究中的应用与验证”为总研究项目，把研究视点投射到现代汉语共同语、汉语方言、古代近代汉语、汉外语言比较、中文信息处理和汉语教育问题等6个方位，“十一五”期间将研究其中若干子课题。

我们充分重视语言研究的“向”和“根”。所谓“向”，即面向世界，面向时代需求。所谓“根”，即根在中国，根在民族土壤。这决定了我们对国学的尊重与景仰。跟现代学术相比较，“国学”作为一个在特定历史阶段上形成和发生重要影响的事物，自然有其历史局限。以现代中国语言学来说，目前已经涵盖了汉语汉字研究、语言理论与语言应用研究、少数民族语言研究、外国语言研究四大分支的数十个学术领域，远非国学范围中的文字、训诂、音韵等之可比。但是，中国语言学要得到理想的发展，用一句话归总，最重要的是形成“语言学的中国学派”。而要做到这一点，研究国学，承传其优点，无疑具有特殊的意义。

《光明日报》2006年3月21日国学版

【插说】

2006年3月21日的《光明日报》，在一个版面上摆出“国学方阵”四个大字，写明了“二〇〇六年”的起点时间，接着，排列十一位教授的每人数百字的短文，各自表明自己的态度和想法。从此，基本上每个星期都用整整一个版面发表国学或者跟国学有关的文章。《光明日报》从此历史性地设立了“国学”版面，影响巨大。

05

国学精魂与现代语学（讲演）

谢谢各位出席今天这个讲演会。我对国学没有什么研究。从 1956 年留校任教起，50 年来我的主攻方向始终是现代汉语语言学，特别是现代汉语语法学。研究问题过程中，自然会涉及其他方面的学问，诸如逻辑学、文化学以及国学的某些论说，不过，都只是接触到了一点点皮毛。我现在讲“国学精魂与现代语学”，不是要对“国学”本身进行深入的阐发，而是想站在现代语学的基点上，观察国学精魂对于中国现代语学发展的价值。学问是相通的。我相信，中国现代语学可以如此，中国其他现代学问大概也可以如此。

一　国学的定格和涌流

站在现代语学的时间位置上审视，国学既是静态的，又是动态的。

我们应该知道，国学已经定格在了中国历史的框架之上。这是国学“静态”的一面。

就语言学而言，属于国学范围的，主要有文字学、训诂学和音韵学。在离今已有两千多年的西周，国学建在国都里。上学就读的子弟，八岁进小学，学习时间为七年；十五岁入大学，当时称为“太学”，学习时间为九年。学生入小学，从识字开始，最基本的课程便是文字学。古人分析汉字，归纳出“指事、象形、形声、会意、转注、假借”六种条例，叫作“六书”。小学里，要教“六书”。由于文字学跟小学存在这种联系，便很自然地形成一种借代用法，“小学”被用来代指文字学。后来，到了隋唐，“小学”范围有所扩大，把训诂学和音韵学也包括了进来。这也很自然。因为，文字学不仅研究文字的形体结构，而且要研究字义和字音，这就关联到了训诂学和音韵学。那么，中国的现代语言学，是什么时候开始的呢？

1898 年，清代光绪二十四年，马建忠《马氏文通》出版。这是中国第一部系统的语法学著作，从基本倾向上看，是套用国外语法学体系，根据汉语情况略加增减修补，建构了汉语语法学体系。这部著作的出版，成了中国现代语言学的开端。百余年来，特别是近二十余年来，中国的语言学经过多次分分合合，范围已经大大拓展，形成了四大分支。其一，汉语汉字研究，一般统称为汉语言文字学；其二，语言理论与语言应用研究，一般统称为语言学及应用语言学；其三，少数民族语言研究，通常简称为民族语言研究；其四，外国语言研究，其研究对象是属于外国的种种语言，即外语。四大分支内部，又分别包含不同层级的学科，如果算到现代汉语语法学这一级，研究领域便有数十个之多。国学意义上的文字、训诂、音韵等，都已为第一分支所包涵，成了汉语汉字研究的部分内容。这就是说，作为传统语言学的“小学”，已经退出中国现代语言学结构系统，成了一个历史概念。

然而，我们更应该知道，国学精魂一直涌流在中国文化承传的长河之中。这是国学“动态”的一面。

国学精魂何在？由于知识背景的不同，工作需求的不同，各人会有不同的理解和诠释。我个人以为，学风、学理和学术成果，是国学精魂的三大组成部分。国学有反映民族性格特征的朴实学风，我们一般理解为“朴学精神”；国学有反映民族认知结晶的深刻学理，蕴藏量大，开掘空间广阔；国学有多方面重要的学术成果，为世人了解中国的社会、历史、文化传统奉献了极可宝贵的论断。这三者共同显示了中华学术文化的“根”，体现着中华学术文化的“源”，绵延着中华学术文化的“流”。

在实际工作中，搞现代研究的人，不可能断离与国学研究的联系，这正是国学动态性影响的实据。我说个小故事。前几年到某地开会，会后十来个朋友一起上当地出名的一个饺子馆。饺子各种各样，一样样地上。最后一道饺子，每个只有豌豆那么大，放到火锅里，让顾客们自己捞。很有礼貌的服务员小姐，站在桌子旁边，甜美地“做广告”：“捞到一个，一帆风顺；捞到两个，好事成双；捞到三个，三羊开泰；捞到四个，四季常青；捞到五个，五谷丰登；捞到六个，六六大顺；捞到七个，七星照耀；捞到八个，八仙过海；捞到九个，天长地久；捞到十个，十全十美。”说到这里，她停顿了下来。有悬念了！火锅里滚动着的那么小那么轻的饺子，哪能容易捞到？别说捞到十个九个，即使捞到三个两个，也极困难。这时，大家很自然地特别关心一个问题：要是一个也捞不到，怎么办？看到大家都急了，服务员小姐才笑吟吟地说：“要是一个也没捞到呢？好呀，无忧无虑！”老实说，这道饺子并不怎么好吃，然而，却让大家像玩游戏一样，吃得兴高采烈，笑逐颜开。服务员小姐的话，我这里记录得不太准确，不过，即使记错了两三句，也能表明一个事实：通过巧妙的语言运用，为这道“吉祥饺”加彩增色，反映了饺子馆经营者的机灵。这是纯语言问题吗？不，这里负载着许多中华传统文化的信息。这只是现代汉语的问题吗？不，要解释好这里的语句，需要古代汉语的知识，需要国学的知识。

二　朴学精神的传承

“朴学”一词，最早见于《汉书·儒林传第五十八》中汉武帝和倪宽的对话里。《现代汉语词典》解释道：“朴学，朴实的学问。后来特指清代的考据学。”且不管其特指义，朴学精神表现为质朴、实在、讲实据、求实证，是国学中最具生命力的一种学风。如何传承朴学精神？我这里只说一点：要充分占有材料，据实思辨，不应疏而漏之。

比如数词“三”，别看就这么一个简单的字，从不同的角度去研究，可以做出这样那样的文章。仅以“定数和约数”“统数和序数”两个问题来说。

首先，应该知道“三”既可表示定数，又可表示约数。定数指确定的数，比如二加一等于三、四减一等于三的

“三”；约数指不确定的数，又叫概数。表示约数的“三”，许多时候跟“多”相联系，我们一口气可以说出“三思而行、三令五申、推三阻四、一波三折、举一反三、三人成虎、三人行必有我师”等例子。清代学者汪中写了一篇《释三九》，他说：“一奇、二偶，一二不可以为数；故三者，数之成也。”这一点，反映了汉民族的心理形态。但是，从现代汉语看，约数“三”是否都跟“多”相联系呢？不一定。有时反而表示“少”。比如，“三句不离本行”。同是“三X两Y”，“三心两意”表多，“三言两语”却表少；“三番两次”表多，“三拳两脚”却表少；“每天三碗两碗地吃肥肉”表示多，“每天只能赚到三块两块钱”却表少。显然，规约“三”的多与少，还有别的因素。这就是：跟“三”发生联系的事物，以及人们对事物的主观认知。只有认识这一点，对“三”的了解才能深化一步。

其次，应该知道“三”或者表示统数，或者表示序数。统数是表示数量多少的数，包括定数和约数；序数是表示次序先后的数。到底是表示统数还是表示序数，有时要结合特定的句域管控才能判定。比如，《三国演义》第五十六回“曹操大宴孔雀台　孔明三气周公瑾”，其中的“三”是序数；第三十七回“司马徽再荐名士　刘玄德三顾草庐”，其中的“三”却是统数。知道这一点很重要。有的时候，解释某些词语，比如前面提到的“三羊开泰”，需要懂得统数和序数之间的转变关系。“三羊”怎么“开泰”？反过来说，“开泰”怎么会跟“三羊”联系起来？原来，“羊”由“阳”演变而来。《易》中泰卦，下为三阳，表示阴消阳长，冬去春来。“三羊开泰”，本来是“三阳开泰”。利用同音关系，把“阳”变换为“羊”，可以增强言辞的语用价值。年历上，贺年片上，工艺品上，三羊组画，比“三阳”更具体，更形象，更有动感，因而更具感染力。怎么理解泰卦中的“三阳”呢？按古人对事物发展变化的认识，由于农历每年冬至那一日之后白天渐长，古人便认为冬至日标志着“一阳生”，而农历十二月是“二阳生”，新年正月便是“三阳生”。等于说，一过冬至，第一次阳气生发；进入农历十二月，第二次阳气生发；一到新年正月，第三次阳气生发，于是万事顺遂，安泰吉祥。可知，“三羊”（三只羊子）里的统数“三”，原本是“三阳”（第一、二、三次阳气相继生发）里的序数“三”。只有不仅知道从“阳”到“羊”的同音借用关系，而且知道连带而引发的从序数“三”到统数“三”的转化关系，才能透彻地理解“三羊开泰”。

吕叔湘先生（1904.12—1998.4）写过这样的诗句："文章写就供人读，何事苦营八阵图？洗尽铅华呈本色，梳装莫问入时无。"（《未晚斋语文漫谈》，语文出版社 1992）写诗时，吕先生已经将近 90 高龄。这位中国语学巨擘，他所希望的，正是承传一种"朴学"的学风。我想，这是一种"言传身教"吧？！

三 "辞达而已"的启示

子曰："辞达而已矣。"（《论语》卷八 · 卫灵公第十五）朱熹《论语集注》：辞，取达意而止，不以富丽为工。《孔子大词典》：孔子认为辞的作用在于言事，因此辞不贵多，亦不贵少，皆取达意为上。（上海辞书出版社 1993）我以为，从蕴含量之丰富看，"辞达而已"应是反映语言应用发展规律的一条深刻学理、一个基本原则。

人们的语言运用，无处不体现"辞达而已"的原则。举些例子，略说三点。

首先，精准贴切的表达，是"辞达"。《红楼梦》第 34 回，写贾宝玉挨了他父亲的一顿好打，躺在床上不能动，薛宝钗跑到怡红院去看他，叹道："早听人一句话，也不至有今日！别说老太太、太太心疼，就是我们看着，心里也——”刚说了半句，又忙咽住，不觉眼圈微红，双腮带赤，低头不语了。这里的“我们”是谁？就她自己。她是一个人，为什么要用一个复数形式？少女心态，不好意思嘛！“我们”二字，够精准的。曹禺《雷雨》中，“劝药”那场戏里，周萍和周冲在父亲的命令下，劝繁漪喝药。周萍说的是：“听父亲的话吧，父亲的脾气你是知道的。”周冲说的是：“您喝吧，为我喝一点吧，要不然，父亲的气是不会消的。”周冲用了第二人称代词的敬称形式，在那个家庭背景下，符合母子关系；而周萍则“低声”用了第二人称代词的一般形式，不自觉地流露了他与繁漪二人之间关系的暧昧。作者选用“你”和“您”，达意传情，可圈可点。

其次，夸张铺排的表达，也是一种“辞达”。李白《将进酒》：“君不见黄河之水天上来，奔流到海不复回。”气势磅礴，感情奔放！假若你去当家庭教师，你当然必须告诉人家的孩子，黄河发源于青海巴颜喀拉山北麓卡日曲。然而，你不能据此而否定李白的诗句，说老李缺乏地理知识，“黄河之水”不是“天上来”的！杜甫《古柏行》：“霜皮溜雨四十围，黛色参天二千尺。”宋代沈括按这个直径和长度计算了一下，然后说："无乃太细长乎？" 如果这么做，李白《秋浦歌》中的"白发三千丈，缘愁似个长"，岂不也要问："无乃太长乎？"

再次，模糊概略的表达，也是一种"辞达"。《中篇小说选刊》2006 年第 2 期有一篇《打火机》，写一位女士野外游玩，喝了一大瓶水，想要小解，可是没有厕所。怎么办？"看看四周，天苍苍，野茫茫，风吹草低不见牛羊，好在也不见人，余真一猫腰钻进了草丛，回归大自然。"这么写，不仅"就地小便"的意思清楚了，而且显得特别有风趣！语言不是数目字，说话不是做算术。在语言表述系统中，"都"不一定真的"都"，"只"不一定真的"只"；"最"不一定真的"最"，"没"不一定真的"没"。比方说，冯德英《苦菜花》里有这么一句："人都走光了，只剩下两个挑柴的。"难道挑柴的不是人？有一首歌，开头一句就是："世上只有妈妈好。"难道爸爸不好？钱锺书《围城》里有这么一句："苏小姐脸红，骂她：你这人最坏！"难道真的是她最坏？电视剧《都市放牛》中，南瓜买了一件小礼物送给喜妹，喜妹赌气说她想要金的银的，南瓜可怜巴巴地解释："喜妹，你知道我没钱！"这里的"没钱"就是钱少、钱不够的意思，喜妹一听就懂。要是南瓜说：

“喜妹，你知道我钱少！”这是不是很别扭？“秃头”就是没头发，也是个模糊概念。不要以为凡是“秃头”就一定一根头发也没有。远看看不见，近看只有一根，能说不是秃头吗？恐怕还是秃头！

理论越精辟，话语越简短。两千多年前，孔老夫子就已为我们提出了有关语言的一条纲领性的原则。上面只是举几个例子，说明“辞达而已”涉及了语用、修辞、词汇、语法等诸多方面，其中既有共时平面的问题，也有历时平面的问题。辞达而已，一语破的。这一原则，可以用来建构语用学和修辞学，也可以用来解释词汇的发展和语法格式的演变。中国传统文化的宝库中，像“辞达而已”这样的精辟论断，应不在少。

四　中国语学的特色探求

中国语言研究，应该旗帜鲜明：面向世界，面向时代需求；根在中国，根在民族土壤。我们重视学习和借鉴国外理论方法。在这一点上，要承认自己的落后，要看到自己同别人之间的差距，要测定和把握研究工作的先进走向。作为汉语研究工作者，我们又应该重视“研究植根于汉语泥土，理论生发于汉语事实”。讨论国学，不是要回归到国故，而是为了弘扬国学的精魂。把学习别人长处和创建自己特色结合起来，处理好“向”和“根”的关系，才有可能真正出现与国际接轨的局面。

我们应该旗帜鲜明地提倡形成语言学的中国学派，提倡探求和凸显中国语学的特色。

古为今用、外为中用，这无疑是正确的选择。国故意义上的国学，无力因而不能直接促进国家文化的大发展；纯引进意义上的今学，也总避免不了水土不服的缺憾。无可怀疑，跟文字、训诂、音韵等相比较，无论广度还是深度，中国现代语学的面貌都是全新的。但是，在国际学术交往中，却显露了明显的弱点，比如原创性学说缺乏、创新性理论不多、学术风格不明朗，因而处于弱势地位，根本无法跟别人平等对话。说千道万，中国语学要得到进一步长足发展，最重要的是提倡形成“语言学的中国学派”。2004 年，《汉语学报》发表了《以学派意识看汉语研究》的文章，作者指出：学派是学术研究领域走向成熟、发达和繁荣的标志，所谓学术的繁荣，就是学派、流派之间竞争的果实。伟大的思想，只能在学派的争鸣与摩擦中产生。汉语研究中学派的形势不明朗，这是一个事实。没有学派，就没有该学科的国际地位；没有国际地位，则从根本上取消了我们的国际交流的话语权。这篇文章发表以后，产生了相当大的反响。

要形成语言学的中国学派，就必须强调语言研究的“自主创新”。什么叫“创新”？“创新”本身就是一种独创性的行为或成果，本来就是“自主”的！可是，如果这么咬文嚼字，绝对是十足的书呆子气。正如国学是相对西学侵逼而提出的概念一样，“自主”创新针对的是“他主”创新。提出“自主创新”，实在高屋建瓴，是在主张弘扬民族智慧，是在强调国家兴盛之“大我”。许多人喜欢读金庸小说，我是其中一个。王重阳和林朝英原是一对天造地设的佳偶，却没有结合，这是因为二人武功既高，自负益甚，一直至死，争竞之心始终不消。林朝英创出了克制全真武功的玉女心经，而王重阳不甘服输，又将九阴真经刻在墓中。只是他自思玉女心经为林朝英自创，自己却依傍前人的遗书，相较之下，实逊一筹。王重阳很清醒，做出了“自创”高于“依傍”别人的判断。

只要形成了语言学的中国学派，自然而然就会出现中国特色的语言学。科学无国界，这话绝对正确。不过，要看怎么理解“科学”和“无国界”。就“科学”而言，从跟国家民族的社会性人文性的关系看，有两大类。一类是纯科技性的，比如数学、化学、物理学，等等；一类是同社会性人文性有所结合的，比如美学、史学、经济学，等等。二者之间，不应做简单类比。“中国特色数学”“中国特色化学”“中国特色物理学”的确不能说，然而，是否可以用此来证明“中国特色美学”“中国特色史学”“中国特色政治经济学”也不能说呢？好像不可以。且别说人文社会科学，即使是属于工科的建筑学，由于跟社会因素、人文因素有很深的渊源，也完全可以提“中国特色建筑学”。至于“无国界”，是否就等于说任何门类的学科都没有国家特色或民族特色呢？是否也可以理解为科学属于全人类，科学成果为全人类所共享呢？语言学是一门具有社会性和人文性的学科，提“中国特色”是无可指摘的。在国家提倡振兴民族文化之时，强调“中国特色”，更有导向性的作用。

当然，中国语学要形成和凸显自己的特色，绝非易事，需要做长期而艰苦的探求工作。1996 年 6 月 10 日，季羡林先生为“中国现代语言学丛书”作序，其中指出：下一个世纪的前 20 年，甚至在更长的时间内，都是我们探求的时期。我们必然能够找到“中国的特色”。只要先擒这个“王”，我们语言学的前途，正未可限量。（见邢福义《汉语语法学》，东北师范大学出版社 1997）1999 年 6 月 29 日，季先生为他所主编的“20 世纪现代汉语语法八大家”作序，又接着上面的话题写道：但是，问题的关键在于：怎样探求？向哪个方向探求？我不揣庸陋，想补充两点。第一点是，要从思维模式东西方不同的高度来把握汉语的特点；第二点是，按照陈寅恪先生的意见，要在对汉语和与汉语同一语系的诸语言对比研究的基础上，来抽绎出汉语的真正的特点。能做到这两步，对汉语语法的根本特点才能搔到痒处。（见《吕叔湘选集》，东北师范大学出版社 2002）季先生不仅精通英语、德语等现代外国语言，而且熟谙梵文、巴利文、吐火罗文等外国古代语文，视野广阔。他的意见，自然也是“探求”性的，但起码可以引起我们的重视和思考。

不过，话还得说转来，学术上有不同意见，这是正常现象。认为汉语有自己特点、中国语言学可以形成自己的特色也好，认为不要提汉语特点、中国特色语言学的提法不科学也好，都有其根据。我相信，在这两种见解的导引下，都有可能出现这方面或那方面值得重视的研究成果。

最后，我讲几句话，作为结束语。

第一,一个国家有没有自己的学术特点，意味着一个国家有没有自己的强劲文化；一个没有自己强劲文化的国家，意味着国际交流中发言权完全掌握在他人手里，自己只能俯首帖耳地驯服于他人的指指点点。目前，中国对外文化交流的严重入超，提醒我们，需要大声疾呼振兴自己的文化。

第二，中国有灿烂的文化，这不是历史教科书上僵硬的几个汉字，也不是仅供观赏的历史化石，而是可以滚动起来的一江长长活水。以现代意识为前导，弘扬国学优良学风、深刻学理和有用成果，让国学精魂与现代意识结合起来，有利于实现民族文化的振兴，有利于助产中国特色的学问。

第三，中国学术，包括中国现代语学，应该也可以对世界学术做出贡献。《光明日报》2006 年 3 月 23 日上发表《中国语言研究的民族性与世界性》一文，文中几句话说得特别好：世界性与民族性是事物的一体两面，表面对立，实则统一。有鲜明的民族性，才有真正的世界性。没有各民族深入挖掘，慷慨奉献本民族的优质元素，就无法打造出内涵丰富、形式多样、色彩斑斓的世界性。

第四，学术的繁荣，表现为“百花齐放”。容忍“百花齐放”，是一种学术度量。百花中，任何色样的花，都是一个品种，都应受到尊重。学术上的不同意见，不要过早肯定或否定。有的意见，看似互不相容，实则有可能殊途同归，将来会形成互补。对于一个学者来说，既要善于学习别人，又要善于塑造自己。

请让我再次提到金庸的作品。金庸笔下，有个老顽童。他爱“拜师”，只要看到别人有新招，即使对方是十七八岁的小青年、小女孩，他都要“我拜你为师”；但是，他又爱“自创”，潜心于自己琢磨，“双手互搏”呀，“空明拳”呀，创造出了许多令人意想不到的招式。此公开始中等偏上，后来武功奇高。结果呢，在“东邪、西狂、南僧、北侠、中顽童”的新“评估”中，占据中心位置，成了五绝之首的“中顽童”。这个文学形象，也许能够启发我们思考点什么。王充《论衡·实知篇》：“不学不成，不问不知。”张载《经学理窟·学大原下篇》：“学贵心悟，守旧无功。”我想，多多咀嚼这类格言，对我们的继承创新会大有好处。我的发言就到这里，谢谢各位！

《光明日报》2006年8月8日国学版

【插说】

讲演之后，回答听众的提问。主要讲了以下这些话：

语言的变化发展，无时不受“辞达而已”原则的规约。略说三点。

首先，适应社会发展使用新词新义，是为了“辞达”。“下海”一词，《现代汉语词典》1983年修改本里还只列出三个义项：（1）到海中去；（2）（渔民）到海上（捕鱼）；（3）指业余戏剧演员成为职业演员。1996年的《现代汉语词典》修订本增加了一个新的义项，即：（4）指放弃原来的工作而经营商业。现在，假若哪份报纸哪本杂志上有一篇文章题为“下海”，多数读者想到的肯定是经商做生意。近几年，出现了“对外汉语”这个词语，指的是对外汉语教学。如果死抠字眼，显然不通。汉语教学，可以分对内和对外；汉语，怎么可以分对内和对外？然而，一个缩略了的词语，其含义只要大家都懂了，也就“辞达”了，它也就具有生命力了。要不然，只从字眼上去抠，“少数民族”这个词语在搭配上怎么解释？近来，媒体上流行“粉丝”一词，来自英语的“fans”，有“狂热的迷恋者、狂热的崇拜者”之类意思。这个词，公文里、教科书上不宜使用，但在特殊场合，却有其特殊的作用。2006年5月17日的《楚天都市报》上，有一篇短文《粉丝沙龙》，说的是真人真事。作者说，他妻子内退回家，十分苦恼，他鼓励妻开个粉丝小吃店，儿子大声叫好，挂出了一个“粉丝沙龙”的店牌。没两天，突然进来十多个男孩女孩，出高价钱包店，说“铁杆粉丝”在“粉丝沙龙”搞聚会，够味！从此，生意出奇地火爆。作者叹道：此“粉丝”非彼“粉丝”，没想到此“粉丝”引来那么多的彼“粉丝”，让妻乐得合不拢嘴！

其次，适应表达需要选用句法结构，也是为了“辞达”。句子可以变换结构。两次春节联欢晚会上，冯巩出场总是对观众说：“我想死你们了！”到了2005年的春节联欢晚会，节目主持人要求他不能重复这个句子，他顺口而出：“你们让我想死了！”同一个意思，还有一种说法。琼瑶小说《哑妻》中，这么描写雪儿见到爸爸的情形：雪儿望着父亲，然后垂下头去，找了一根树枝，在地上写：“你是我爸爸？”柳静言点点头，雪儿又看了他好一会儿，然后写：“爸爸，你想死我们了！”母女俩年年月月想着的是“你”，现在面对着的正是“你”，因此，最迫切的是要把“你”先说出来，然后再接上“想死我们了”。句子还可以变换长度。“五四”以后，出现一种新兴句法，语法学家称之为“成分共用法”。比如：在国民党时代，土地是地主的，农民不愿意也不可能用自己的力量去改良土地。（毛泽东《我们的经济政策》）这里用“不愿意也不可能”，句子显得凝练。但是，并非什么时候都是成分共用才好。“我们的目标一定要达到！我们的目标一定能够达到！”如果成分共用，说成“我们的目标一定要也一定能够达到”，反而没有那么气势磅礴，掷地有声了。

再次，根据表述要求变动同音字来组造语句，也是为了“辞达”。常言：“舍不了孩子套不住狼。”为了套狼，宁可牺牲孩子，这合理吗？可怜天下父母心啊！《语文建设》发表过一篇《因声起意与流俗词源》的文章，作者指出：这里的“孩子”可能是“鞋子”的讹读。因为，在一些方言区中，“鞋子”就读成“háizi”。这条俗语应为：“舍不得鞋子套不着狼。”在一次国际会议上，我特别提到了这一点。讨论时，有位新加坡学者提问：“量小非君子，无毒不丈夫”中的“毒”，有没有可能是由“度”演化而来的？我认为很有可能。“量小非君子”和“无度不丈夫”，互文见义，也可以说成“量小非丈夫，无度不君子”。是否如此，尚待求证，但无论如何，肯定都是能够引发思考的好假设。那么，如果假设得到证实，是否导致对“舍不了孩子套不住狼”和“无毒不丈夫”的否定和舍弃呢？不是。这类夸张性说法，经历了语言运用的时间考验，在历史发展中已经定型，所表达的意思已经十分清楚。以“舍不了孩子套不住狼”来说，是否合乎人情的理据已经淡化，不再成为需要深究的话题，人们已然接受了凸显出来的意思，这就是：必须做出重大的牺牲，否则就无法取胜。

应该顺带指出：“辞达而已”是否意味着，在语言的运用中只要满足了“辞达”的要求，就可以不遵守语法规则了呢？不是。“辞达”与“遵守语法规则”，是从不同角度提出来的命题。“辞达”，指社会交往中人们的言辞能够达意传情，满足具体场合的交际需要；“符合语法规则”，指人们的言辞符合大家所认同的语法结构规律，不影响相互间的交际。满足交际需要的“辞达”，是语言运用永远不变的原则；言辞的语法结构，却会随着社会的进步而有所发展和丰富。人类的原始语言，肯定是很简单的，不可能先由谁——神仙或上帝——制定出一套语法规则，然后让人们去遵守。人们在不断地运用语言的过程中不断地发展语言。在人们不会用碗盛饭、不会用筷子扒饭的时候，不可能有“吃大碗”“吃筷子”的说法；后来人们用大碗吃饭，用筷子吃饭，慢慢才演变出了“吃大碗”“吃筷子”的说法，于是才形成一条新的动宾配搭的规则。

06

“救火”一词说古道今

“救命”是命被救，等于说挽救生命；“救火”不是火被救。就词语结构成分之间的关系而言，“救命、救人”这一类型更为多见，比方“买菜、卖花、送信、取款”等都是。然而，“救火”说法自古有之。这个语言形式，最早见于相传为春秋时左丘明所著的《国语》。如：“于是吕甥、冀芮畏偪，悔纳文公，谋作乱，将以己丑焚公宫，公出救火而遂杀之。”题目中的“一词”，是个笼统说法。严格地讲，“救火”应称为“词语”。因为，即使现代汉语里已经成了一个词，但在古代，特别是在初始出现的时候，应是一个短语。

现代汉语里，“救火”相当常用。有意思的是，火与水都能成灾，但现代人只说“救火”，没听到过有说“救水”的。查现当代作品，看不到“救水”；查明清时代的作品，也看不到“救水”。《现代汉语词典》里，只有“救火”的词条，没有“救水”的词条。这是为什么？想来应跟“人力可控”的语义特征有关。在一般情况下，在一定范围内燃烧起来的火是人力可控的，因此可以说“灭火”，也可以说“救火”，而就生活中通常情况来说，突然汹涌而至的大水人力很难管控，因此，既不能说“灭水”，也不能说“救水”。

然而，对于语言的使用状况，不能下绝对化的结论。查古代典籍，也可以看到“救水”说法，尽管很少。情况有二：其一，反映一种迷信的习俗。罗竹风主编《汉语大词典》既收了“救火”的词条，也收了“救水”的词条。对于“救水”，该词典解释道：古代迷信，遇水灾时，必击鼓祈祷，激发阳气以救治，称“救水”。《穀梁传·庄公二十五年》：“救日以鼓兵，救水以鼓众。”范宁注：“救水以鼓众者，皆所以发阳也。”明杨慎《秋大水鼓用牲于社于门》：“日之食人力不可救也，鼓以充阳也。水之灾，人力可救也，鼓庸愈哉！”（第五卷452—453页，汉语大词典出版社2001）其二，跟“救火”用法基本相同，即通过导水疏水救人救物。这一点，《汉语大词典》没有提及。例如：“至于期日之夜，赵氏杀其守堤之吏而决其水灌知伯军。知伯军救水而乱，韩、魏翼而击之，襄子将卒犯其前，大败知伯之军而擒知伯。”（《韩非子》）其他书中，比如《战国策》《淮南子》和《资治通鉴》，也有对这一事件的叙述，也都出现了“救水”。值得注意的是，前面我们说，对于汹涌而至的大水，人力难控，这是就生活中突发的一般情况来说的，而杨慎《秋大水鼓用牲于社于门》中“水之灾，人力可救也”，却是就有组织有领导地开展群体性救灾活动来说的，二者并不矛盾。《韩非子》等书中的“救水”，可以看作反映群体救治水患的特定用法。在今天，假设在一栋大楼里，某个房间忽然水管破裂，造成水淹事故，是否可能有人会扒在窗口“救水啊救水啊”地大声呼叫呢？既然古代曾经有过这种说法，现在由于情急而不加思索地脱口而出，不是完全没有可能。尽管通常大家都不这么说，但作为偶发性的说法，似应用特殊眼光看待，思考其偶发的原因，不必简单化地认定为“病句”。

“救火”的意思是“灭火”。从动词和宾语的关系看，“灭火”中“火”是“灭”的对象，“救火”中“火”却不是“救”的对象。正如“恢复体力”和“恢复疲劳”，“体力”是“恢复”的对象，“疲劳”却不是“恢复”的对象。然而，从使用频率看，“救火”的频率要高于“灭火”。《三国志》里，“救火”出现5次，“灭火”只出现1次。《三国演义》里，“救火”出现9次，“灭火”却未出现。我们有一个近代白话作品小语料库，包括《水浒》《西游记》《红楼梦》《儿女英雄传》等44部作品，搜查可知，用“救火”的有62句，用“灭火”的只有14句。我们又有一个现当代作品小语料库，基本上包括了“五四”以来到现在的著名作品，搜查可知，用“救火”的有78句，用“灭火”的只有42句。究其原因，“救火”强调“救”，是通过灭火以救人救物，目的性更强，积极意义更大。

从使用场合看，“救火”和“灭火”有时语用价值有所不同。《三国志》:“众人以为救火者必无罪，皆附左；王以为不救火者非助乱，救火乃实贼也。”这里用“救火”。这是一个灭火以救人救物的语境，若把“救火”换成“灭火”，不能显豁地表达意思。《三国志》:“臣闻扬汤止沸，不如灭火去薪，溃痈虽痛，胜于养肉，及溺呼船，悔之无及。”这里用“灭火”。“灭火”与“去薪”连用，若说成“救火去薪”，便不顺畅妥帖。情况相似的，是“救生”和“救死”。如果说，“救火”和“灭火”都是使火灭，那么，“救生”和“救死”则都是使人活。它们也有不同的语用价值，往往适用于不同语境。王朔

《浮出海面》:“我拐进浓荫蔽日的浴场路，穿着泳装的少女仨仨俩俩吮着冰糕来回溜达，挎着救生圈的孩子成群结队光着脚丫打闹跑过。”老舍《集外》:“海中人已不多，剩下零散的人头，与救生船上的红旗，一块上下摆动，……”这里用“救生”。“救生圈、救生船”，若说成“救死圈、救死船”，便不吉祥，不会有人乐意使用。然而，并非什么时候都是“救生”才合适。毛泽东《蒋介石政府已处在全民的包围中》:“其结果，就是极端的通货膨胀，空前的物价高涨，民族工商业日益破产，劳动群众和公教人员的生活日益恶化。这种情形，迫使各阶层人民不得不团结起来为救死而斗争。”这里用了“救死”，强调了挽救民族的灭亡。若说成“救生”，便不能凸显原意。王朔《你非俗人》:“一个救死扶伤的医生怎么能怕自己传染上疾病？”这里用了“救死扶伤”。这个说法，由于“死”和“伤”照应使用，如果说成“救生扶伤”，语句便会失去协调感。

末了，还应该指出，“救火”除了“灭火”的含义，古代还有一个用法，即作为萤火虫的别名。这见于李时珍《本草纲目·虫三·萤火》，请参看罗竹风主编《汉语大词典》(第五卷453页)。“语言是文化的符号，文化是语言的管轨。”（邢福义主编《文化语言学》修订本第一版序，湖北教育出版社 2000）把古今语言现象联系起来观察词语的使用，有助于更好地了解我国语言的丰富灵活，更好地了解我国语言的文化含量。

《光明日报》2007 年 2 月 1 日国学版

| 07

“人定胜天”一语话今古

“人定胜天”表示的是什么意思？其结构关系如何分析？笔者做过一次小调查。基本要求是：请用单竖线“|”把“人定胜天”这个小句的主语部分和谓语部分隔开。结果，出现了两种分析。分析一：把单竖线画在“人”和“定胜天”之间，共28人；分析二：把单竖线画在“人定”和“胜天”之间，共2人。接受调查者都是高层次或较高层次的知识分子，包括本科生、硕士生、博士生和大学教授。如果问问一般群众对这一词语的理解，得到的回答肯定是向“分析一”一边倒。

古代原本用法，“人定胜天”的意思是“分析二”。这一点，凡是涉及古代汉语的词典，以及各种成语词典，都做了解释。比如，《辞海》解释道：人定，犹言人谋，谓人的意志和力量可以战胜自然。刘过《襄阳歌》：“人定兮胜天，半壁久无胡日月。”刘祁《归潜志》十二：“人定亦能胜天。"按《逸周书·文传》:"人强胜天"亦此意。又作"人众胜天",见《史记·伍子胥列传》(缩印本306页)。观察可知:第一,"人定"和"胜天"之间可以出现把二者隔开的语言成分,包括"兮、亦能"等。第二,学者们把"人定"看作一个结构单位,往往用"人谋、人强、人众"等来训释。可见,"人定"首先发生组合关系,然后才跟"胜天"发生组合关系。再看两个实际用例:例一,人定者胜天,天定亦能胜人,惟元帅察之(《宋史·列传第一百三十》)。例二,语云:天定胜人,人定亦能胜天。(徐枕亚《玉梨魂》第十四章)前一例,对举使用"人定胜天"和"天定胜人","人定"和"胜天"之间出现了"者","天定"和"胜人"之间出现了"亦能";后一例,对举使用"天定胜人"和"人定胜天","人定"和"胜天"之间出现了"亦能"。

现代通常用法,"人定胜天"的意思是"分析一"。这一用法的产生和流行,有其外因和内因。一方面,受到社会发展的影响,这是外因。到底开始于什么时候,还无法确认,但可以肯定,在强调战天斗地的火热时期,这一用法成了一个口号,一种指导人们行动的思想,深入人心。《人民日报》发表过一篇《人定胜天——记河北省人民的抗旱斗争》的文章，其中写道："'天大旱，人大干，夺取丰收不靠天'的豪迈声音，时时鼓舞着我们，使我们强烈地感到，有了党的领导，群众发动起来了，自然灾害再猖狂，也一定能够战胜它。"（1975年12月23日）这正是历史的记录。另一方面，受到语言本身演化的影响，这是内因。时代的发展，引发人们对语言理解的变化，人们不会固守古人的原本用法。今天，当说"人定胜天"的时候，人们大都会根据对"定"、对"胜"的最熟悉的用法来理解。例如：最具权威性的《现代汉语词典》，从试用本到2005年的第5版，都把"人定胜天"解释为"人力能够战胜自然"，"人/定/胜/天"分别同"人力/能够/战胜/自然"相对应。一开始便参与和领导这部词典编纂工作的学者，比如丁声树先生和吕叔湘先生，都是饱学之士，他们不会不知道古代原本用法，但是在这部现代汉语中型词典中，他们只提了现代通常用法。

在对事物的认识和表述上，两种用法有不同的观点取向。作为一种表述方式，古代原本用法可以称之为客观理性式。即客观地看待和评价"人"与"天"之间的强弱关系，认为二者孰强孰弱可以相互转化，显得头脑冷静，富于理性。古文根底深厚的现代人，有时也会在这个意义上使用。例如：只知道人定胜天，而不知道天定胜人，同样是错误的。（徐特立《怎样发展我们的自然科学》）相对地，作为一种表述方式，现代通常用法可以称之为主观意志式。即强调人的主观能动作用，激励人们凭借自己的力量去改造大自然，充满豪情壮志。例如：如今的年轻人已很难想象那个时代人们的激情以及由此而产生的力量。……那是一种人定胜天的豪情壮志，一种信仰的力量；那是一种自觉的奉献，一种快乐的劳动。当然，主观意志式毕竟反映的是人的主观愿望，并不等于就是事实。如果头脑发热，认为一定会这样，那就会带来不良的后果。下面这个例子，反映了一种冷静的反思：我们曾经一度过高估计人类征服自然的能力，相信“人定胜天”。（《人民日报》2001 年 9 月 10 日）显然，两种表述方式各有其语用价值：客观理性式，适合在对事物进行冷静分析时使用；主观意志式，适合在鼓舞人们排除万难去夺取胜利时使用。对于带有主观情绪的说法，不能用客观理性的标准去看待。“事在人为、心想事成”等，也是如此。

在词义状态上，两种用法也有不同的理解选择。这表现在“胜”和“定”这两个词的含义上面。先说“胜”。几乎所有的词典，包括涉及古代汉语的词典，都把“胜”

解释为“战胜”。主观意志式的“胜”肯定是“战胜”，但对于客观理性式来说，却较难解释“天定胜人”，因为客观事物按其自身规律运动和发展，不存在天对人发起意愿性挑战的问题。因此，最好把理性式中的“胜”解释为“胜于、胜过”。柳宗元：“人胜天，则善者行。”（《答刘禹锡天伦书》）陈光磊等编著《中国古代名句辞典》解释道：“人胜天：人力胜过天力。”（上海辞书出版社 1986 年 7 月，877 页）这里解释“胜”，用了“胜过”，很恰当。再说“定”。主观意志式的“定”是“必定”，用作副词；客观理性式的“定”肯定不是副词，应该怎么解释？有的词典用“人谋、人众、人强”来解释“人定”，但“谋、众、强”都不是“定”字本身的直接含义。从最基本的含义看，“定”即“安/安定”。宗福邦等《故训汇纂》，“定”字条下共列训释 84 条，1—5 都是“安”。（商务印书馆 2003 年 7 月，564 页）《汉语大字典》所列 24 个义项，第一项便是“安定”。（湖北辞书出版社、四川辞书出版社 1987 年 10 月，918 页）“人安定”，意味着众人和顺协调，因而能够充分地发挥强大的潜能和力量；“天安定”，意味着大自然风调雨顺，因而同样能够充分地发挥强大的潜能和力量。正因如此，人有可能胜过天，天也有可能胜过人。如果用

“安定”来解释“人定胜天”和“天定胜人”中的“定”，也许更符合事物的辩证关系。

语言发展的历史表明，“人定胜天”已经先后出现了两种用法。兼顾古今汉语的词典，“人定胜天”词条下面应立两个义项。对“胜”和“定”的解释，两个义项应有所不同。

应该指出：在从古至今的历史纵线上，词语的用法往往有所发展。更常见的情况，是意义上有所演变，不大涉及语法关系的演变问题。比如“陈陈相因”“钩心斗角”，现代人的理解都跟古代的原本含义相去甚远。有的情况，也会牵动语法关系的变化，但并不典型。比方“望洋兴叹”，“望洋”是个联绵词，表示仰视的样子，还有“盳洋、望羊、望佯、望阳”等写法，原本不是“望着海洋”的意思。到现代，常常可以看到“望楼兴叹、望河兴叹”之类用法。这么使用“望兴叹”，显然有其心理基础，即内心里把“望洋”当成了动宾结构“望着海洋”。这就改变了联绵词“望洋”的原本结构关系了。然而，这毕竟只是活用，属于修辞现象。由于理解上的变化而引发了语法结构的变动，“人定胜天”特别具有典型性。这类词语，包括成语，到底还有哪些，一共有多少，各自的具体情况如何，很值得做深入的专题研究。

还应该指出："人定胜天"中的"人定"，并未成为汉语的一个具有固定性的组合单位，即并未"词化"。有的词典收入了"人定"的词条，但表示的是"夜深人静时"的意思。比如白居易《人定》：人定月胧明，香消枕簟清。又如王建《寄杨十二秘书》：人定犹行背街鼓，月高还去打僧房。

《光明日报》2007年7月19日国学版

08

黄流中学怀想

1949 年 9 月至 1952 年 2 月，我在黄流中学读书。当时，学校名为崖县初级中学，简称崖初中。好像是 1950 年，学校来了一位青年教师，刚刚毕业于设立在海口府城的广东琼台师范学校。高高的个子，长得很帅；性格爽朗，很有亲和力；知识面宽，能教几门课。同学们都喜欢他，私下里亲切地把他称为小老师。除了上理科方面的课，他还教我们画画。我从小对画画有特殊的爱好，不仅上美术课特别上劲，还常常为学校或班级的壁报画点插图。有一天，这位老师送我一支大约用过五分之一的铅笔，笔芯粗而黑，用来画素描再好不过。在当时，特别是在当时的黄流，这可是稀罕物。我喜欢得不得了，珍惜得不得了。不料，没过多久，这支铅笔怎么也找不到了。更让我难过的是，过一些天，他向我“借”这支铅笔，说他要用用。这时我才知道他就有这么一支铅笔，而我却没能保管好。我很抱歉，又很着急，结结巴巴地说："老师，铅笔……我……我……弄丢了！"看到我急成那个样子，他笑了笑，安慰我说："没关系的！"

老师送我铅笔，使我憧憬未来；老师相信我没撒谎，更使我深感温暖。时间过去了57个年头，许多事情忘记了，这件事却不但始终不忘，而且让我生发出了好些感悟。感悟一：老师的关心，对学生是上进的激励。那只是一支铅笔吗？不，那是一句无声的赠言，一种对学生未来的期盼。我曾经写过《亦师亦友　志在高山》的文章，讲说我和我的硕士生博士生们的关系，文章的基本理念正是源于半个世纪以前的这件事。感悟二：老师的信任，对学生是守正的诲导。假若那时候他对我表示出哪怕是一丝一毫的怀疑，对我来说心灵上都会终生不得安宁。由此我深信一条人生哲理：诚为立身之本，诚实才能心安。为了问心无愧，从做人到做学问，都一定要诚实。近年来，我发表过一些有关学风、文风和文品的文字，包括《治学之道　学风先导》《社会公益对学风文品的规约》，等等，实际上都是以"诚实"为基点做文章的。感悟三：老师的言行，对学生是无形的牵引。1952年，好几个黄流同学考取了琼台师范，其中一个是我。大家都为能上琼台师范而倍感荣幸。就我而言，报考琼台师范固然是因为这所学校声誉很好，同时也是因为我的老师是琼台师范毕业的，他对我具有一种潜性引力。

教与学，师与生，在教育发展史和学术发展史上，历来是起着筋脉贯通作用的重要话题。大家都景仰被称为圣人的孔子。《论语·述而》录载孔子的话："学而不厌，诲人不倦。"《论语·子罕》录载学生颜渊的话："夫子循循然善诱人。"《论语·子张》录载学生子夏的话："博学而笃志，切问而近思，仁在其中矣。"一册《论语》，实际上就是师生共同谱写的一部气势磅礴的大交响乐。在我们炎黄子孙共同拥有的国学宝库中，同类记录很多，反映的是教师的风范，尊师的美德，师生之间的相互理解与关爱。

黄流中学是南国人才培养的摇篮。六十年来，黄流中学向国家各个高校各个部门输送了大量俊士，黄流中学的老师们从各个角度各个侧面发表了散发着浓郁校情气息的大量文章，如此等等，都是学校辉煌历史的实证。我在黄流中学度过了人生起点上至关重要的一个时段，承沐了良好的熏陶，终身受益。对于黄流中学，我有不尽的回忆，无穷的感念。在母校六十周年校庆之际，我讲了上面这件小事，是想说明，小事不小，黄流中学之所以能成为名校，既是因为各方面都有令人瞩目的建树，更是因为蕴积有深厚的师德根基，具有优良的校风、教风和学风。这可是黄流中学的“传家宝”！

“东风随春归，发我枝上花。”李白的诗句，可以借来演绎黄流中学的发展：随着国家的繁荣昌盛，日益富强，母校定会日新月异，越办越好！

《光明日报》2007 年 12 月 25 日大学生活版

【插说】

跟上文有关联的小文章写过几篇。列出三篇，表明心迹。

（一）

根在黄流

黄流，我的家乡！

家乡的水，家乡的情，家乡的文化蕴含，哺育了一代代一辈辈的黄流人！

每每有人问起我的籍贯，我总要自豪地回答：我来自海南，来自海南的黄流，来自“天涯海角”的边边。

1935 年阴历五月三十日，我出生在黄流正中南坊。前两年查有关年历，才知道那天是当年阳历的6月30日。上小学时，只知阴历不知阳历，在表格上填了1935年5月30日，于是沿袭下来，阴历的日子被当成了阳历的日子，提前了整整一个月。由于已经记录在了档案，已经进入了各种资料，而且多次出国时护照上写的都是5月30日，因此想改也改不过来，只好将错就错。

祖父去世，当是1945年。那时我10岁。祖父去世前，开一个小杂货铺。黄流人热情好客且健谈，每天夜晚，祖父的杂货铺便成了邻居们谈天说地的热闹场所。从懂事的时候起，我就喜欢挤在祖父身边听老人们“讲古”，漫说人生。老人们经常慨叹着说：“猪往前拱，鸡往后扒！”我这里使用了普通话词汇，按老人们口头上地道海南黄流闽方言的说法，也许应该写成：“猪看前拱，鸡向后扒。”意思是说，人总要活，不同的人有不同的活路！

这句话，深深地刻在了我的脑子里，影响了我的大半生。从这句话，我悟出了许多人生哲理。首先，要拱要扒。拱和扒，意味着奋斗求生存，求发展。其次，猪只能拱，鸡只能扒。猪有猪的特点，鸡有鸡的特点，这决定了它们各有各的办法。如果鸡往前拱，猪往后扒，猪和鸡都活不下去。再次，往前拱和往后扒没有优劣之分，关键在于怎么样才能发挥自身的优势。哲人们强调“扬长避短”，立意也是如此。

1952年至1954年，我在海南琼台师范学校读专师班，时间两年，主要学画画，没有学过高中阶段的许多课程；1954年至1956年，我在华中师范大学中文系读中文科，时间也是两年，本科的许多课程，比如理论语言学和逻辑学，没有学过。诚然，四年时间里匆匆度过了高中和大学的阶段，先天不足，贫血缺钙。1956年，中文科毕业之后被留在中文系任现代汉语专业助教，起点比同事们低了一两个层次。

我属猪。1935年是乙亥年，那是猪年。我只有一个办法，就是：“往前拱”！

1978年，我由助教越级晋升副教授；1983年，晋升教授。1983年我已经四十八岁，但当时是华中师范大学最年轻的教授，在我国语言学界的教授里大概也是最年轻的。1990年，我被国务院学位委员会批准为博士生导师，1991年起指导第一批博士研究生，三年后他们获得了博士学位。现在，全国现代汉语专业博士点共七个，都有博士学位授予权。七个博士点中，两个在北京，两个在上海，领头人都是老一辈著名语言学家；一个在广州，一个在济南，领头人都比我大几岁，都毕业于名牌大学；还有一个在武汉，领头人是我，而我只是一个有大专学历的人。

讲这些，没有夸说"荣耀"的用意。我只是想通过自己的经历来说明一个道理：一个人要善于"发现"自己。只有清楚地发现了自己有什么长处，有什么缺陷，能够干什么，善于干什么，不能干什么，不大会干什么，才能选择好前进的线路，才能确定到底是"往前拱"还是"往后扒"，"如何"往前拱，或者"如何"往后扒。我的研究生们都知道，我有几句口头禅。其中两句是："抬头是山，路在脚下""有所不为，为所善为"。

1995年又是乙亥年，又是一个猪年。时间过了整整一个甲子，我已经是六十岁的人了。这一年12月20日，首届全国高等学校人文社会科学优秀成果颁奖大会在人民大会堂举行，李岚清副总理出席颁奖大会并讲了话。我的《语法问题发掘集》一书获得了一等奖。后来，华中师范大学对获得各种大奖的教师进行再奖励，在学校科学会堂举行再奖励大会。学校领导让我以全国教育系统劳动模范和一等奖获得者的身份在会上讲话。我讲了四点意思，其中一点是今后自己要进一步更加清楚地认识自己，特别是要通过经常的反思更加清醒地认识自己短处和弱点。我又一次提到了“猪往前拱，鸡往后扒”，并且说这是我从我的父老乡亲们那里学来的。

一方水土滋润一方人。我1952年离开黄流，当时十七岁，还是个少年。时间过去了四十多年，可是，夜里做梦，还常常梦见在家乡玩耍，而且梦里的我竟仍然是个少年！

我人在武汉，可我的文化素养的根仍然扎在黄流——我的家乡！

（《海南日报》1996年6月3日）

（二）

何人不起故园情

我惊叹家乡民歌之丰富。从内容上说，历史地理、风光风情、做人做事、家庭婚姻、生活恋爱、神话传说、天上地下、陆地大海，无所不包。从体裁上说，号子歌、叫卖调、拉大调、哼小调、柔情调、嗟叹调，品种繁多。从曲体上说，一段体、二段体、三段体、多段体，随用应变。从演唱上说，独唱也好，对唱也好，不仅讲究姿势、气息、咬字与吐字，而且风格各异，无论是劳动号子演唱、叫卖调演唱、柔情调演唱、嗟叹调演唱，抑或是拉大调演唱、哼小调演唱，都表现出各自的特色。

“凭寄还乡梦，殷勤入故园。”这是柳宗元《零陵早春》中的诗句。1996 年，我写过散文《根在黄流》，发表在当年 6 月 3 日的《海南日报》上面，其中也写到了梦：“我 1952 年离开黄流，当时十七岁，还是个少年。时间过去了四十多年，可是，夜里做梦，还常常梦见在家乡玩耍，而且梦里的我竟仍然是个少年！”而今，又有八个年头过去了。随着年岁的增添，我对家乡的怀想越来越多，越来越发强烈。怀想中，最为闪亮的事物，要算是黄流民歌。那带着海南闽方言特色的歌唱，我从四五岁起就开始跟着哼。稍大一点以后，特别喜欢在田间地头听男女对歌。对歌时，双方都以“啊——”的拖长腔调起头，忽高忽低，时强时弱，悠悠荡荡，按律延展。不仅调子美，听来神驰心醉，而且作用大，起始一方借以传递“挑战”信息，后续一方借以紧承开唱，边拖边构思“迎战—反挑战”的言辞。黄流人的聪明、才智和机灵，都在这“啊——”的过程中显露出来了。

最近，翻阅《黄流村志》，读到男女对歌中有这么一首：“求得哥愿侬也愿，定定做成线与针。哥且做针侬做线，针过千层线都跟。”多好的诗歌！那来自日常生活的贴切比喻，那发自少女内心的细腻柔情，那出自纯朴农村姑娘之口的生死相随之誓言，那用黄流闽方言表达的言辞和乡音，让我拍案叫绝。如果说，童年时代只是跟着哼，少年时代只会听着乐，那么，现在我终于能够欣赏其内容，联想其歌声，品味其真善美，从而进入黄流民歌的美学境界了。李白《春夜洛城闻笛》中这么写道："此夜曲中闻《折柳》，何人不起故园情。"借诗仙带有酒香之佳句，我改动四个字，表达黄鹤楼边一个黄流人的心声："此日歌中闻《针线》，何人不起故园情。"

黄流民歌，跳动着“木瓜—杧果，椰子—槟榔，菠萝—香蕉，阳桃—番荔，番榴—石榴……”的音乐符号，散发着南国特有的韵味！

（《海南日报》2005 年 4 月 17 日）

（三）

怀念“琼台”

学者的人生，有几次重要的起步。对我来说，跨向高等学府和语言学界的关键起步，应该是在琼台师范学校学习的那个时段。

1952 年，我从海南岛南部离“天涯海角”不远的乐东县黄流乡，来到海南岛北部的繁华城市海口，考入了琼台师范学校。1954 年，琼台师范学校领导推荐我考大学，我来到武汉，进入了华中师范大学中文系学习。1957 年，我 22 岁，在我国语言学界的权威刊物《中国语文》上发表了第一篇汉语语法小论文。从此，跟汉语语言学结下了不解之缘。

我对“琼台”有很深的情结。这不仅是因为“琼台”把我送进了大学，更是因为“琼台”有良好的学习氛围，利于人才的造就。两点感觉，影响了我几十年。其一，一进入“琼台”，便感到有一股推力，推着自己去进取。其二，在“琼台”，要取得好的成绩，必须脚踏实地去学习。当时年纪小，还不知道应该把这两点感觉概括为好学校的好校风。

1981 年，我开始带研究生，现在他们之中不少已成了教授，当了博士生导师了。我给每届研究生上第一课，首先都要讲八个字：“抬头是山，路在脚下。”意思是：一个有作为的人，眼睛要看着山，心里要想着爬山；但是，山顶不易攀登，成功不靠侥幸，上山的路要靠自己一步一个脚印地去走，一步一个脚印地去踩开。我想，这正是“琼台”校风的一种延续。

是“琼台”，在我的青少年时代就教会我怎样学习和做人，让我有了最关键的起步。

我怀念“琼台”！

（《中国教育报》2000 年 1 月 1 日）

09

漫话“有所不为”

在笔者所知的范围内，“有所不为”最早见于《论语》中孔子的一个论断。即：不得中行而与之，必也狂狷乎！狂者进取，狷者有所不为也。孔子所说的“中行”，后来孟子引述为“中道”：孔子“不得中道而与之，必也狂獧乎！狂者进取，獧者有所不为也”。孔子岂不欲中道哉？不可必得，故思其次也。根据张岱年主编《孔子大辞典》的解释，所谓“中行”，指能履行中正之道者；所谓“狂狷”，是孔子对仅次于中道之士者的称谓。朱熹指出：狂者，志极高而行不掩。狷者，知未及而守有余。盖圣人本欲得中道之人而教之，然既不可得，而徒得谨厚之人，则未必能自振拔而有为也。故不若得此狂狷之人，犹可因其志节，而激厉裁抑之以进于道，非与其终于此而已也。（《论语集注》卷七子路第十三）朱熹还称赞“狂狷”是有“筋骨”，有“节操”之士，人须有些狂狷，方可望。（《朱

子语类》卷四十三）

孟子还对有关思想做了发挥。比如："人有不为也，而后可以有为。"（《孟子》卷八离娄章句下八）又如："人皆有所不为，达之于其所为，义也。"（《孟子》卷十四尽心章句下三十一）孟子把"有所不为"从教育范畴扩张开去，使之对人类行为具有更大的覆盖面了。宋·陈亮《酌古论·先主》："当理而后进，审势而后动，有所不为，为无不成，是以英雄之主常无敌于天下。"诸如此类的论述，都是结合具体的人或事，对"有所不为"所做的具体阐释。

如果把"有所不为"概括成为句法格式，便是"有所不X"，其中的X代表动词。所用的动词，多为单音节。在语意表达上，"有所不X"可以分为两大类。

一大类，意向选择用法。审时度势，决定取舍，选择重要的事情去做，而不做或暂时不做某些事情。比如上举"有所不为"各例。又如：然则有所不为，亦将有所必为者矣；既云进取，亦将有所不取者矣。（范晔《后汉书》卷八十一）这个例子，明晰地凸显了"有所不为"和"有所不取"的选择性。人的行为，分两个层次：其一是非为不可的，其二是可为可不为的。"有所不为、有所不取"之类，指的是后者。打个通俗的比方：泛地无舍，衢地合交，绝地无留，围地则谋，死地则战，途有所不由，军有所不击，城有所不攻，地有所不争，君命有所不受。（孙武《孙子兵法》九变篇第八）故君子之于爵禄也，有所辞，有所不辞。（王充《论衡》刺孟篇第三十）然子于父命，亦有所从有所不从。（李大师、李延寿《南史》卷四十九列传第三十九）这种意向选择用法，肯定形式“有所 X”和否定形式“有所不 X”二者相互依存，形成一个选择性聚合。说“有所 X”，意味着隐含“有所不 X”；反之，说“有所不 X”，意味着隐含“有所 X”。

第二大类，据实表述用法。根据所见所闻所想所愿，陈述某件事情，所说的“有所不 X”，不跟相对的“有所 X”形成选择项，反过来讲，如果说“有所 X”，也不跟相对的“有所不 X”形成选择项。总之，不存在选择什么不选择什么的意向性内容，“有所 X”和“有所不 X”二者不形成一个选择性聚合。以“有所 X”来说。2008 年降临前夕，时任国家主席胡锦涛以“共同推进人类和平与发展的崇高事业”为题，发表了振奋人心的新年贺词，其中有这么个表述：“努力使全体人民学有所教、劳有所得、病有所医、老有所养、住有所居，促进社会和谐”。显然，“（学）有所教、（劳）有所得、（病）有所医、（老）有所养、(住)有所居”等，表达的是对全体人民的关怀，绝对不存在相对而言的“有所不教、有所不得、有所不医、有所不养、有所不居”等语言现象。再以“有所不X”来说。请看例子：“恐因一时喜怒，处置有所不当，卿等即当执奏，毋为面从，成朕之失。”(元·脱脱等《金史》卷七本纪第七世宗中)“将来闹出点子事情来，……就是于贵领事亦有所不利。”(李宝嘉《官场现形记》第53回)“不过这和一般军事学上所说的‘闪击战’有所不同。”(刘流《烈火金钢》第二十四回)这三个例子，分别见于文言文、近代白话作品和现当代小说，其中的“有所不当”“有所不利”和“有所不同”，都不意味着在一个选择性聚合中存在有相对的“有所当”“有所利”和“有所同”。这类用法，出现频率最高的是“有所不知”，古今屡见不鲜。例如，子路问于孔子曰：“鲁大夫练而杖，礼也？”孔子曰：“吾不知也。”子路出，谓子贡曰：“吾以为夫子无所不知，夫子亦徒有所不知也。”

应该注意：意向选择用法，除了“有所不为”之类的单用，还有三种连用模式。其一，肯定形式和否定形式直接连用，即“有所X＋有所不X”。比如上面例子中出现的“有所辞有所不辞”“有所从有所不从”。然而，查古代典籍，尽管可以见到“人有不为也，而后可以有为”“人皆有所不为，达之于其所为”之类前后对照的用法，却未见“有所为有所不为”。看来，“有所为有所不为”的连用，是经过发展演变而相对固定化的现代人的用法。至于开始于什么时候，出现在什么人笔下，笔者不知，有待进一步考察。可以肯定的是，我国进入新时期以来，这一用法越来越多见。比如：这里，全线出击、一视同仁是不行的，而要“有所为，有所不为”。(《人民日报》1989年5月15日)

其二，先说一个“有所为有所不为”，以此为基点，再说一个引发出来的“有所X有所不X”。比如“有所为有所不为，有所赶有所不赶”。《江泽民文选》中，两次出现了这样的连用。例如：按照有所为有所不为、有所赶有所不赶的方针，集中力量发展我们自己的“撒手锏”武器装备，以增强我军打赢高技术战争的物质技术基础。(《通报中央政治局常委“三讲”情况的讲话》)这是一种从概括到具体地推衍递接的句法模式，在发展“撒手锏”武器装备问题上，把“有所为有所不为”具体衍化为“有所赶有所不赶”，从而使所要表达的意思不仅更加清楚明确，而且得到了突出强调，语言也显得活泼有变化。

其三，以“有所不为”为基点，略作点评，再引出一个较为具体的“有所不 X”，又略作点评。例如：有所不为，为无不果。有所不学，学无不成。（王安石《祭沈文通文》）这仍然是一种从概括到具体地推衍递接的句法模式，只是有所扩展。从“有所不为”到“有所不学”，由于分别加上四字点评，形成了四字格的二次连用，既增强了音律美，内容上又富于说理性。如果说，较为概括的“有所不为”是审时度势，不做或暂时不做某些事情，那么，套用到做学问上，便成为较为具体的“有所不学”。所谓“不学”，不是抛损基础的不学，不是随意取舍的不学，不是没有进退的不学，而是为了学有所成、学有所长、学有所专，为了凸显优势和形成自己的特色。

两千年来，“有所为有所不为”的思想常用常新。比如，人民网曾以“落实科学发展观发挥科技第一生产力作用”为题，做过报道：“发展基础科学研究，要从国家长远发展需要出发，坚持有所为有所不为，尊重规律，突出重点，……取得突破，攀登世界科学高峰。”在国学宝库中，“有所不为”显然是最为闪光的体现事物发展辩证法的语句之一。

《光明日报》2008 年 1 月 14 日国学版

【插说】

跟上文有关联，笔者曾经在《华中师大报》上发表过一篇短文，这里顺手列出，以供参考。

有所不学

——再谈做学问

《孟子·娄离下》：“人有不为也，而后可以有为。”在《统一战线中的独立自主问题》一文中，为了阐明积极让步之必要，毛泽东曾这么写道：“‘有所不为而后可以有为’，正是这种情形。……让了前者就得了后者，消极的步骤达到了积极的目的。”

语言运用受到特定语境的规约，“有所不为”有其特定的针对性。人的行为，分两个层次，其一是非为不可的，其二是可为可不为的。“有所不为”之所指，不是前者，而是后者。比方，凡人都必须吃喝拉撒，哪一项都不能有所不为；人的嘴巴既要吃饭也要说话，哪一方面都不能缺少。至于一个人、一个单位以至一个国家，为了更好地发展自己，不能不选择最重要的事情去做，这就需要有所不为了。假设某个人说他要“有所不为”，另一个人辩驳说：“不对！你能只吃喝不拉撒吗？或者，你能只拉撒不吃喝吗？”这种辩驳脱离语境制约，混淆两个不同层次的命题，因此是苍白无力的。

把“有所不为”套用到做学问上，便是“有所不学”。怎样理解“不学”？首先，所谓“不学”，不是抛损基础的不学。一个学生不能不学好规定学习的课程，一个专业工作者不能不掌握所从事的专业的基本知识，但那是属于第一层次的必要条件，跟第二层次的学与不学不是一回事。其次，所谓“不学”，不是随意取舍的不学。要科学地分析各个方面的因素，比如学科发展的线路、客观的条件、主观的优势等，借以确定主攻方向，并且围绕既定追求有所运筹，有所抉择。随心所欲打乱仗，跟有所不学的思想境界毫无关系。再次，所谓“不学”，不是没有进退的不学。在发展过程中，从实际出发，对于学与不学的内容或程度，审时度势，有增有减，按需进退。这种事物发展的动态观，实际上包含在有所不学的深刻哲理之内。

有所不学，是为了学有所成、学有所长、学有所专，是为了凸显优势和形成特色。王安石在《祭沈文通文》中说：“有所不为，为无不果。有所不学，学无不成。”这是十分精彩的话。

《华中师大报》2001年6月20日

10

“X 以上”纵横谈

“X 以上”是一个重要的段位表示法。这一表示法，以 X 为定位起点，划出一个往上延伸的级度段，形成了相对固定的语法格式。从文言到白话，从上古到今天，这一格式的使用屡见不鲜，而且在现当代有了新的值得重视的发展。

一

让我们提三个问题，从三个角度观察古人笔下的这一表示法。

问题一：这一表示法中，充当定位起点的词语是一些什么样的词语？观察可知，凡是用来作为定位起点的词语，全都具有级度性，即代表在特定时空序列中某个可以往上升高的级度。从语言形式上看，可以分为两类。第一类，是包含数字的词语。用来表示段位起点的数量或次序。比如：庚午，诏诸士卒年六十以上罢归于家。(《晋书》帝纪第三）丨度可得谷二百万石以上。(《史记》卷二十九）例中“年六十、二百万石”表示统数。又如：郡国被灾什四以上，毋收田租。(《汉书》卷十）丨秋分后，在日法四分之三以上者，进一日。(《金史》卷二十二）例中“什四（十分之四)、四分之三”表示分数。再如：文武官五品以上给楼船。(《北史》卷一十二）丨大率去南极二十度以上，其星皆见。(《旧唐书》卷三十九）例中“五品、二十度”表示高低次序。第二类，是表示具有等级属性的名词。有的表示官职或者社会地位。比如：县令以上，加导斧车。(《后汉书》志第二十九）丨庶人以上，莫不蒸尝。(《晋书》志第八）例中“县令”为官职，“庶人”为社会地位。有的表示以某一名物为代表的时空位置。比如：盖唐、虞以上，事难该悉。(《北史》卷四十七）丨修身以上，明明德之事也。(《大学章句集注》序）例中“唐、虞”为时间位置，“修身”为空间位置。诚然，凡是不具有级度性语义特征的词语，不可能成为定位起点。比如“湖光山色”，不能说成“湖光以上、山色以上”。

问题二：这一表示法中，“以上”是否包括作为定位起点的“X”？换句话说，“以上”是包括“X”，还是排除“X”？观察可知，古人使用的“X以上”是一种包括式，而不是排除式。有的时候，可以意会。举个容易理解的例子：他的官虽是知府，只有道台以上的官请他吃饭，他或者还肯赏光。（李宝嘉《官场现形记》第32回）论官职，道台高于府台，“道台以上”肯定包括道台。有的时候，还可以通过一些特定形式去理解。比方，在X前边加“自”。如：爵自二级以上，有刑罪则贬。（《商君书》境内第十九）丨自公主、封君以上皆带绶，以彩组为绲带，各如其绶色，金辟邪首为带玦。（《晋书》志第十三）例中，自X以上等于说自X起，自然包括X在内。跟“自”同义的，还有“由”和“从”。如：由士以上则必以礼乐节之，众庶百姓则必以法数制之。（《荀子》富国篇第十）丨从士以上皆羞利而不与民争业，乐分施而耻积藏。（《荀子》大略篇第二十七）

问题三：这一表示法中，往上延展的级度段有没有终止点？或者说，是否“封顶”？观察可知，就“X以上”本身而言，是起点明确，终点模糊的。比方“年六十以上”，“上”到多少岁，并不限定。有的自然可以意会，比方“侍郎以上”，肯定不会“上”到包括皇帝在内。不过，

这只是靠知识来推断，格式本身并不提供有关信息。那么，如果需要“封顶”，怎么办？古人采用了以下办法。首先，是“X以上”后边加“至”或“至于”，形成“X以上至Y”之类格式。例如：女子年十五以上至三十不嫁，五算。(《汉书》卷二) | 士大夫以上至于公侯，莫不以仁厚知能尽官职。(《荀子》荣辱篇第四) 其次，是“X以上”前后加“自……至”之类，形成“自X以上至Y”之类格式。例如：自二千石夫人以上至皇后，皆以蚕衣为朝服。(《后汉书》志第三十) | 自佐史以上至于大吏皆权臣之党。(《汉书》卷六十) 再次，是用“以下”对照限定，形成“X以上Y以下”或“Y以下X以上”的格式。例如：调诸路猛安谋克军年二十以上、五十以下者，皆籍之，虽亲老丁多亦不许留侍。(《金史》本纪第五) | 四品以下五品以上，令预前一日赴南都署表。(《北史》卷三十九) 此外，还有一个办法，就是在“X以上”后边指明数量范围，从而使“以上”受到了明确的限定。例如：于是大定百官，置太师、丞相，自大司马以上七公，位皆上公，绿綟绶，远游冠。(《晋书》载记第二) | 凡鸿水渊薮，自三百仞以上，二亿三万三千五百五十里，有九渊。(《淮南子》卷四坠形训)

二

了解过去，可以更好地认识现状。在现代汉语里，“X以上”这一古老格式不仅继承下来了，而且有所发展了。引起发展的动因，是这一格式在含义上有时可能导致歧解。这需要把“X以上”和“X以下”联系起来加以讲说。如果说，“X以上”是以X为定位起点，划出一个往上延伸的级度段，那么，“X以下”便是以X为定位起点，划出一个往下延伸的级度段。跟“X以上”是包括式一样，在古人笔下，“X以下”也是包括式。例如：自诸侯王以下莫不震恐肃敬。(《汉书》卷四）这里用了“自”，肯定包括诸侯王。又如：九十以上、七岁以下，虽有死罪，不加刑。(《旧唐书》卷五十四）凭理性意会，“九十以上”肯定包括九十，“七岁以下”肯定包括七岁。然而，有一种特殊情况，这就是：“X以上”和“X以下”同现，X所指相同。比如，本文开头所引孔子的话，实际上后边还接有关于“中人以下”的一句，即：中人以上，可以语上也；中人以下，不可以语上也。(《论语》雍也第六）又如：如初数以下者，加减损益，因循前率；如初数以上，则反其衰，归于后率云。(《旧唐书》卷三十八）对于这类X所指相同的用法，人们会提出疑问：如果恰好就是“中人”，恰好就是“初数”，怎么归划?

其实，按古人的理解，在“X以上”和“X以下”对举使用的情况下，“以上”用于包括，“以下”用于排除。如上例，“中人以上”包括中人，“中人以下”排除中人；“初数以下”排除初数，“初数以上”包括初数。然而，这毕竟只是一种心理认同的朴素说法。假若有人硬要较劲，打起官司，光靠朴素的认同感是不行的。说个小故事。甲方跟乙方买货，合同上写了“货到全交款”。乙方给甲方发了一部分货物之后便向甲方要钱，但甲方一个钱也不给。乙方的理解是“货到，全交款”，甲方的理解却是“货到全，交款”。于是打起了官司，最后法院只好这么判决：乙方给了甲方多少货物，甲方就给乙方多少钱。这件事，见于《语文建设》上发表的一篇短文。

为了文字表达的精确，今人在“X以上”的使用上动了不少脑筋，做过这样那样的尝试，先后出现了三个新兴格式。其一，“X或X以上”。例如：今年的试题以1977年入学的高等学校本科的优秀学生为对象，试题的难度是以这批优秀学生能取得及格或及格以上的成绩为准。(《人民日报》1981年6月16日）这里，用“及格或及格以上”。其二，“X及其以上”。例如：凡总投资在1000万元及其以上的，要报国家计委（技改项目报国务院生产办公室）备案，……（《人民日报》1991年8月30日）这里，用“1000万元及其以上”。其三，“X及以上”。例如：地震使四川、甘肃、陕西和重庆共有23个地市、110个县的供电受到影响。35千伏及以上变电站受损247座，10千伏及以上线路受损1643条。（《人民日报》2008年5月26日）这里用“35千伏及以上”和“10千伏及以上”。

这三个格式有一个共同点，这就是：它们都首先明确肯定包括X，然后再明确肯定包括比X更高的级度。形式上，连词“或、及”之类的添加嵌入，标明了格式的双层并合性。于是，含义确定，不再存在两解的可能。如果起个名目，它们可以叫作严密式。至于这三个格式的语用效应，比较地说，第三个格式最为简练。第一个格式，需要重复使用充当X的词语，有时会显得冗赘。比如说“35千伏及以上”，要比说“35千伏或35千伏以上”方便顺口。第二个格式，也嫌比第三个格式多了一个“其”字。正因如此，近年来第三个格式的使用频率越来越高。

三

那么，新兴格式产生了，传统格式是否会消失呢？不会。语法格式的发展，往往是累积性的，而不是取代性的。传统的“X以上”包括式和新兴的以“X及以上”为代表的严密式，不管是现在和将来，都会由于具体场合的不同需求而被选用。在需要精确描述的场合，人们会使用“X及以上”严密式。请看这个例子：海外应聘者……一般应在国外获得助理教授及以上职位或其他相应职位。（《人民日报海外版》2008年6月27日）这里用“助理教授及以上职位”。如果说成“助理教授以上职位”，那么那些身在海外的助理教授们就会嘀咕：自己到底是否符合条件？可见加个“及”字十分必要。不过，话说转来，“X及以上”毕竟属于书面语说法，并不口语化，因此，在一般的场合，在意思不会受到误解的情况下，人们还是会继续使用传统的“X以上”包括式的。比如：当今世界存在的主要宗教，佛教、犹太教有两千年以上的历史，……（江泽民《论宗教问题》）这是个政论文作品中的例子，其中用“两千年以上”，意思已够清楚，如果说成“两千年及以上”，反而别扭。再比如：本人愿如此服务五十年以上。（方方《桃花灿烂》）这是个文学作品中的例子，其中用“五十年以上”，符合说话口气，如果说成“五十年及以上”，便太不自然了。总之，新兴的严密式和传统的包括式会共存共处，各自发挥自己的作用。这一点，符合汉语朝着表现力越来越强的方向不断发展的总趋势。

《光明日报》2008年9月1日国学版

11

说“广数”

本文提出“广数”概念，描述有关语言事实。

我们说话，经常用到10个最基本的数目字：“一、二、三、四、五、六、七、八、九、十”。这些数目字，除了表示定数（比如“三”是“2+1”，“五”是“3+2”），往往也表示概数。“广数”是跟“多数”“满数”相对的概念，都属于概数。到目前为止，学者们已经论说过“三、九”表示多数的用法，比方清代人汪中的《释三九》。也有学者论说过“十”与“五”表示满数的用法。比如张德鑫《数里乾坤》（北京大学出版社1999）指出：“我国古代发明了科学的、先进的十进位制记数法，其中就包含‘五进数’的观念。一五一十，十五二十……，五跟十一样象征着完整、圆满和吉祥，人们追求十全十美、实实（十十）在在，也追求五谷丰登、五彩缤纷。”本文讨论的“广数”，是指用来表示广泛意思的数字。如果说，

“三、九”表示多数，“五、十”表示满数，那么，“四、八”便是表示广数。

（一）关于“四X”

用“四X”表示广数，最具代表性的是“四方”。“四方”本指东方、西方、南方、北方，表示广数时则笼统泛指各方。比如：及高祖镇太原，文静察高祖有四方之志，深自结托。（《旧唐书》卷六十一）

“四X”中的X，往往是名词性语素。除了“四方”，常用的还有“四面”和“四海”。“四面”本指东面、西面、南面、北面，表示广数时则笼统泛指各面。例如：贪利无耻敢于为恶之人，挟敌兴兵，四面而起，以求逞其所欲。（《续资治通鉴》卷第一百六十八）“四海”一般用于泛指，等于说全国各地。例如：是以贞观一朝，四海宁晏。（《旧唐书》列传第六十九）此外，还有“四野、四外、四处、四下、四下里”等形式。或在上古就有，或在白话文作品中开始出现，都使用至今。

“四X”中的X，许多时候也用动词性语素。比如：暮行河堤上，四顾不见人。（唐·韩愈《暮行河堤上》）黄沙碛里客行迷，四望云天直下低。（唐·岑参《与独孤渐道别长句兼呈严八侍御》）“四顾、四望”中的“顾、望”

都是动词性语素。除了“四顾、四望”，“(弟兄)四散、(亡命)四窜、(红光)四射、(湖水)四溢、(风波)四起、(祸机)四伏”等，都是同样的结构，“四”字都起到了泛指广度的作用。

(二)关于“八X”

“八X”中，最具代表性的是“八方”。“八方”本指四方(东、西、南、北)和四隅(东南、东北、西南、西北)，表示广数时，仍然泛指各处。例如：洪泽丰沛，漫衍八方。(《后汉书》卷十上)自今以始，八方攸同。(《宋史》卷一百三十七)“八X”中，也常见“八面”，但基本上只用于广数，泛指周围各个方面。例如：逾时，风势八面俱至，终夜不止，如是者连日。(《元史》卷五十一)有好主意可以八面周全，不使太太们生气。(《红楼梦》第73回)“八面威风、八面玲珑”之类，成了今天常见的成语。“八X”中，也有“八海”，泛指极为广阔的范围。例如：十洲隔八海，浩渺不可期。(陈陶《怀仙吟二首》)“八冥、八溟”和“八瀛”，跟“八海”同义。近代白话文作品中，偶尔可以看到“八海”；现当代作品中，不再出现。

在古代，跟“八方”语义相同、相通或相关的形式相当多。比如：“八圻、八都、八陲、八鸿、八宇、八寓、八区、八隅、八嵎、八镇、八维”等，跟“八方”相同或相通。又如“八殥、八寅、八夤、八埏、八演、八极、八鄙、八裔、八际”等，指八方边远之地；“八幽、八紘、八蕃、八荒”，分别指“八方幽远之地、八方极远之地、八方蛮夷之地、八方荒远之地”。此外，还有“八表、八外”，指八方之外，即极远的地方；还有“八正”，指八方的和风。（可参看罗竹风主编《汉语大词典》。）到近现代，上述形式定格在了“古词语”的位置之上，一般情况下不再使用，但是，又出现了两个表示广数的词语。一个是“八下里”，指很多方面。例如：如今这事八下里水落石出了，连前儿太太屋里丢的也有了主儿。（《红楼梦》第61回）另一个是“八辈子”，通过强调时段之大来形容时间长或程度深。例如：快走，别啰嗦了，你欠咱们穷人八辈子血债。（周立波《暴风骤雨》）要再摸两手稀屎，才算倒了八辈子楣！（杜鹏程《保卫延安》）

跟“四X”一样，“八X”的X既有名词性的，也有动词性的。例如：黄帝西南，除八通鬼道。（《汉书》郊祀志第五上）洛阳道八达，洛阳城九重。（《乐府诗集·洛阳道》）“八通、八达”都是“八+动”。现当代不再见到“八通”，但“四通八达”成了常用成语，形容四面八方都有道路可通达。

作为广数的表达形式，“四X”和“八X”经常对照使用。例如：恩流八荒，德溢四海。(《盐铁论》贫富第十七）恭己临四极，垂衣驭八荒。(唐·李世民《元日》)前例，“八荒”和“四海”对照使用；后例，“四极”和“八荒”对照使用。

（三）广数形式的应用

不同的广数形式，各有自己的应用场合。制约其应用的因素，主要有两个方面。

一个方面，是各个形式本身所蕴含的语义。比如“四方”和“四面”，“四方”泛指四方各处，“四面”则泛指某一定位点的周围。正因如此，可以有歌词“走四方……一路走一路望故乡”，却不能说“走四面……”；反过来讲，可以说“茂生心不在焉地四面看看，对众人点点头”（陈世旭《将军镇》)，却不能说“茂生心不在焉地四方看看，对众人点点头”。又如“四海”，泛指全国各处，跟“四方”的泛指含义基本相同，但是，“古以中国四境有海环绕”(见《辞海》)，正因如此，可以说“四海之内”，却不能说“四方之内”。

另一个方面，是各个形式在语用上的选择需求。以

“八方”来说，比如：“双拳不敌四手，两眼难顾八方”（高晓声《陈奂生上城》），不好说成“双拳不敌四手，两眼难顾四方”，这是因为前边已经出现“四”字，后边选用“八”字句子才有变化，不致重复呆板。又如：“男儿志在四方”（陈忠实《白鹿原》），一般不说“男儿志在八方”；“老子一病入了土，娘改了嫁，剩下祖父拖着我吃八方（乞讨）”（陈世旭《将军镇》），一般不会说成“祖父拖着我吃四方”。这是由于语用上已经形成比较固定的用法。“八方”翻一倍，便成为“十六方”。这是个现当代为了特殊需要而采用的泛指形式，也表示各处。比如京剧《沙家浜》中，阿庆嫂唱道：“垒起七星灶，铜壶煮三江，排开八仙桌，招待十六方。”这是由于唱词是五字一句，用“十六方”才协调。

不同的广数形式，又有共同的应用目的。

除了某些形式有时表示定指，任何广数形式都有一个共同点，即用来泛指广数。那么，泛指的广数，广到什么程度？这要看广数形式的使用语境。总的说来，是泛指特定语境中特定范围内的时空。一般泛指空间；偶尔也泛指时段，比如前边提到的“八辈子”。

有的时候，广数形式可以泛指极为广阔的范围，不仅可以泛指普天下，甚至可以强调无边无际。在广数形式的前后，我们常常可以看到相关的词语。比方说，相关词语有时用“广、远、旷”之类。例如：故广延四方之豪俊。（《汉书》卷五十六）梁王昔爱才，千古化不泯。至今蓬池上，远集八方宾。（唐·韦应物《大梁亭会李四栖梧作》）湖山四面争气色，旷望不与人间同。（元稹《酬郑从事四年九月宴望海亭》）前例用了“广延”，中例用了“远集”，后例用了“旷望”。又比方说，相关词语有时用“天下、天地”之类。例如：秦地天下枢，八方凑才贤。（《乐府诗集·白马篇》）性好兴利，广收八方园田水碓，周遍天下。（《晋书》列传第十三）德配天地，光被八极，功垂于无穷，名传于不朽。（《陆贾新语》辅政第三）前例出现了“天下”；中例不仅用了“广收”，还用了“周遍天下”；后例出现了“天地—无穷—不朽”。再比方说，相关词语有时用“无边、无际”之类。例如：四顾无边鸟不飞，大波惊隔楚山微。（唐·韦庄《泛鄱阳湖》）一点英雄气，四顾浩无边。（《全宋词·寿丘月林》）四望浩无际，沉忧将此同。（《全唐诗·早发杭州泛富春江寄陆三十一公佐》）前例出现了“无边”，中例出现了“浩无边”，后例出现了“浩无际”。

当然，强调范围之广阔宽泛不一定要有照应语。“四X”和“八X”对照使用，便可以起到这样的作用。例如：泽周八荒，兵定四极。（唐·段文昌《郊庙歌辞·享太庙乐章·象德舞》）施张四维，缔制八宇。（《宋书》卷九十七）上例，分别对照使用了“八荒”和“四极”，“四维”和“八宇”。特别是，有的形式，比如“四海”，本身就能突显广阔宽泛的意思。“四海之内，皆兄弟也。”这是见于上古文献《论语·颜渊》的句子。后来，不管在哪个朝代，使用频率都很高。到了现当代，“四海”成了一个极有表现力的说法。前些时，新生入学进行军训，在操场上意气风发地高唱《一二三四歌》：“一杆钢枪交给我，二话没说为祖国，三军将士苦为乐，四海为家，哪里有我哪里就有一二三四战士的歌！”“一条大路多宽阔，二月春风拂面过，三山五岳任我去，四海为家，哪里有我哪里就有一二三四战士的歌！”听着听着，深受振奋之余，不由得惊叹起汉语数字的美与奇。四海为家！新时代的战士，心怀伟大祖国，气盖万里河山！

汉语中，数字的运用富于民族特色，充满着浓厚的泥土气息，反映了华夏民族的传统宇宙观、美学观和民俗观。汉语的数字文化现象，有时犹如霁月彩虹，有时却又扑朔迷离，引人探奇。这是一个大题目，可以写成大部头的著作。本文讨论的，不过是大海中的一滴水珠，仅此而已。

《光明日报》2009年5月18日国学版

12

两次指点

1980 年 10 月，“中国语言学会”在武汉成立。王力先生和吕叔湘先生当选名誉会长和会长。副会长 5 人，季羡林先生是其中一位。到 1985 年，季羡林先生当选第二届中国语言学会会长。在几次常务理事会上，见到季先生，听过他的发言。季先生诚恳质朴，不是善于滔滔不绝地作长篇发言的人。他的话，总是很简短，点到即止。

我要特别提到两件事。

一件是，季羡林先生担任主编的“中国现代语言学丛书”，从 1997 年起由东北师范大学出版社出版，这套丛书包括徐通锵《语言论》、詹伯慧《汉语方言学》、孙宏开《中国少数民族语言学》、邢福义《汉语语法学》。季先生于 1996 年 6 月作了一篇长序，其中写道：

……

近一百年以来中国语言学的情况怎样呢？邢福义先生在他的《汉语语法学》（本丛书之一）中，就汉语语法学的分期问题，把这一百年分为三个阶段：一、套用期，19世纪末期至20世纪30年代末期。主要特征是套用西方语言拉丁文、英文等，大约有40年，以马建忠、黎锦熙等为代表。二、引发期，20世纪30年代末期至70年代末期。主要特征是引进西方国家的语言理论，大约40年，以王力、吕叔湘、丁声树、张志公等为代表。三、探求期，70年代末期至现在。主要特征是接受外国理论的启示，而又探求新路子，以求得具有中国特色的研究思路和方法，大约有20年，以吕叔湘、朱德熙、张志公、胡裕树、张斌等为代表。

邢福义先生分期的意见，就中国语言学整体情况来说，大体上也是符合实际的，是能够为大家所接受的。除了上面提到的语法学家外，这一时期有代表性的语言学家还有赵元任、李方桂、罗常培等。在过去一百年内，中国语言学走出了一条由套用到探求的道路，是符合逻辑发展的。……

邢先生称最后一个阶段为探求期，仅仅有20年历史，少于前两个阶段。但是前两个阶段已告结束，而探求期怎样呢?

这个问题邢先生不可能答复。由于限于一百年的框架内，前两期占了80年，只剩下了20年，所以邢先生只能谈20年。过了这20年，就到了21世纪，是框架之外的事情了，也是邢先生讨论以外的事情了，他当然不能讲得很多了。我现在来替他回答这个问题：探求只能说是刚开了一个头，探求未有穷期。我们只能探求，探求，再探求。

……

下一个世纪的前20年，甚至在更长的时间内，都是我们探求的时期。我们必然能够找到“中国的特色”。只要先“擒”这个“王”，我们语言学的前途，正未可限量。只要能摆脱西方理论的影响，充分发扬我们自己的语言和理论，我们必然能够一反现在无声的情况，在世界语言学界发出我们的声音，而且是洪亮的声音。在21世纪100年中，同现在这100年相比，我们必然能够取得更辉煌的成果。我认为，这就是我们中国语言学未来的任务，这就是我们探求的方向。(1996年6月10日写毕)

另一件是，季羡林先生担任主编的“20世纪现代汉语语法八大家”选集，从2001年起由东北师范大学出版社出版，这套选集包括《黎锦熙选集》《王力选集》《吕叔湘选集》《胡裕树张斌选集》《朱德熙选集》《邢福义选集》《陆俭明选集》。季先生于1999年6月又作了一篇较长的序，接着上面的话题写道：

……

邢福义先生在所著《汉语语法学》（东北师范大学出版社出版）中，把《马氏文通》问世后100年来汉语语法研究大体上分为三期：

（一）套用期：19世纪末期—20世纪30年代末期；（二）引发期：20世纪30年代末期—70年代末期；（三）探求期：70年代末期—现在。

这一分法是有根据的，因而是能站得住的。邢先生说：“（探求期）大约已20年。基本倾向是接受国外理论的启示，注重通过对汉语语法事实的发掘探索研究的路子，追求形成具有中国特色的研究思路和研究方法。”下面邢先生又说：“应该清醒地看到，这门学科距离真正成熟还相当遥远。到目前为止，许多事实尚未得到深刻的揭示，许多重要现象尚未得到准确的解释。现在，面临的主要问题是‘二求’：一求创建理论和方法，二求把事实弄清楚。”这都是很重要很中肯的意见。看来邢先生的想法是：所有这一切工作都是探求期第二阶段的任务，也就是说，是21世纪的任务。

但是，问题的关键在于：怎样探求？向哪个方向探求？采取什么样的具体步骤去探求？在这些方面，邢先生的话，虽很正确，但不具体。我不揣庸陋，想补充两点。第一点是，要从思维模式东西方不同的高度来把握汉语的特点；第二点是，按照陈寅恪先生的意见，要在对汉语和与汉语同一语系的诸语言对比研究的基础上，来抽绎出汉语的真正的特点。能做到这两步，对汉语语法的根本特点才能搔到痒处。……（1999.06.29）

季先生的论说，一语破的，对中国语言学的发展起到了导向的作用。从我个人的角度讲，季先生注意到了我的说法，使我深受激励，季先生作了进一步的阐发，更使我得到了新的启示，开拓了思路和视野。这对我一辈子都会产生深刻的影响。凡是真正有学问的人，必定也会有很好的学风。季先生务实求真，文如其人。特别是，对于一个后辈，季先生处处用了“先生”一词，充分地显示了一种大师风范。季先生走了。但是，季先生的影响永在！

《光明日报》2009年8月10日国学版

13

桂山魂

我 1954 年到华中师范大学中文系读书，后来留系当助教，至今七十有四，经历了 55 个春夏秋冬，步入了耄耋年段。亲眼看到了华中师大的巨变，我深深感受到了百年学府的深厚人文底蕴对莘莘学子的塑造力是多么巨大！

华中师大老校址在昙花林。运动场旁边是个体育馆，体育馆墙上雕塑有四个大字："自强不息"。19 岁的我，天天看着这四个大字，心底里自然而然地生发出了朴素的誓言：一定要自强不息，有所作为，绝对不能浪费青春年华。

华中师大于 1955 年搬到了桂子山。大概是 1960 年前后，学校的一位校领导给全校的青年教师做报告，爱深情切，心长语重，话锋犹如锐利的刀子："你们整天蹦蹦跳跳，进进出出，坐不下来，钻不进去，你们能成器吗？"他的话，剧烈地敲击了我的心灵。尽管这话"文革"期间成了他推行修正主义路线、鼓吹白专道路、把青年引入歧途的罪状，但是，我从来坚定地相信，当时许多青年人听进去了，许多棵青绿小树就是在这样的严厉关爱中发枝长叶的。“文革”前，我这个20多岁的年轻人，已经在《中国语文》上发表出论文7篇，这跟师辈所施加的“压力”大有关系。我常想，古人这句话就是对：“经师易求，人师难得”！

华中师大是国家级重要的人才摇篮。2003年，在百年校庆活动举行前夕，“忠诚博雅，朴实刚毅”被概括成了“华师精神”。这里头，包含着至诚的信念，崇高的品行，广博的知识，良好的学风，质朴的性格，坚定的意志。而贯穿于这一精神之中的一条线，便是自强不息的有为追求。百余年来，从开路到铺路，我们华中师大人懂得了一个道理：只有自强不息，才能与时俱进；只有自强不息，才能继往开来。有自强心的地方，必定会拥有并且不断催生强者。在华中师大执教的，或者从华中师大走向社会的，有无数优秀人物。谈论华中师大，提到革命先驱，我们会说有恽代英；提到文艺星座，我们会说有光未然；提到国学研究，我们会说有钱基博和张舜徽；提到物理研究，我们会说有桂质廷和卞彭；提到哲人，我们会说有韦卓民和詹剑峰；提到史学，我们会说有杨东莼和章开沅；提到当代曲艺，我们会说有德艺双馨的夏雨田。如此等等，不胜枚举。

华中师大搬到桂子山已有五十多年。桂子山不怎么高，然而，桂子山有漫山遍野的桂花，形成了一道富于引力、令人陶醉的景观。我有个习惯，晚饭后一定要在校园里散步四五十分钟。桂花绽放时节，我在桂花树下穿行，不由得琢磨起桂花的个性。桂花小，一粒粒只有黄豆那么大，然而，几万株桂花合在一起，便成了大片大片的金黄；桂香淡，一粒桂花闻不到香味，然而，几万株桂花合在一起，便成了富于优雅特色的扑鼻清香，沁人心肺；桂花特别诚信，不属于春天的花朵，然而，到了中秋时节必定开放，同中秋明月一起，为人间增添亲情和愉悦。我总觉得，桂花花魂，跟华师精神相通，将二者合一，可以称之为“桂山魂”。这“桂山魂”，隐喻着华中师大有自己的特色，有自己的优势，有自己的骄傲。一千多年前，唐代诗人刘禹锡写了一首《答乐天所寄咏怀》的诗，最后两句是：“莫羡三春桃与李，桂花成实向秋荣。”这美妙诗句，似乎就是为了激励我们桂子山上的华中师大人而写作。春天的桃李，固然有它们的灿烂风采；秋天的桂花，却有自己的优雅神韵。我们华中师大人，有决心，也有能力，继续发扬特色，发挥优势，为华中师大的发展续写更新更美的篇章，为伟大祖国的繁荣昌盛做出更多更大的奉献！

《光明日报》2009年12月24日母校礼赞版

【插说】

有感于华中师大的人和事，笔者写过好几篇小文章。这里，挑选出一篇。

华中师大历史画卷上一个永远的亮点

有特色的大学，必定有其亮点；显示特色的亮点，必定有其历史。我在华中师大学习和工作已经超过了半个世纪。如果有人问我：你认为华中师大最值得讲说的亮点是什么？我会毫不迟疑地回答：眷注学术，自强有为！

说个上世纪50年代末期的例子。

《华中师范学院学报》语言文学版1960年第2期，有一篇关于学术讨论的报道，题目是“学术动态”，署名强弓，近3千字。我写过《二十年前的一份奖状》一文，发表在2002年11月30日的《华中师大报》上面，摘引过那篇报道的主要内容，这里不再重复。我想强调的是，从那篇报道，可以了解到许多信息：（1）中文系举行了1959

年科学讨论会。（2）讨论会于1959年12月28日至1960年1月4日举行，跨越了两个年度，连元旦假日都利用了。（3）群众性科研活动开展得如火如荼。讨论会上报告的论文，是“在各教研组、年级、班、小组等小型科学讨论会的广泛基础上”，由下而上地推选出来的。（4）论文报告者不分师生，不分年龄。5位报告者中，有老年教授1位，中年讲师1位，年仅25岁的青年助教2位，还有年仅22岁的本科四年级学生1位。反映出了一条从教师到学生、从老年中年到青年的连环递进的人才链。（5）会议就3篇论文分组讨论，发言者各抒己见，热烈争鸣。每篇文章的讨论，都延续了5天左右的时间。除了以上信息，还需特别提到，当时从事教学与科研，在物质条件上困难很多。就以那一期学报来说，纸张土黄，十分粗糙，每张厚如牛皮，1本刊物的厚度，就相当于现在《华中师范大学学报》的5本。这可以从一个小小的侧面看到当时的科研活动是在多么艰苦的情况下坚持进行的。我现在还保存着那一期学报。

一个眷注学术的单位，肯定会蕴蓄起巨大的发展潜能和影响力。当年的中文系，现在已经发展成为文学院和语言研究中心两大实体，设有9个博士点，还有博士后流动站和国家级重点学科。单位扩展了，深入开展学术活动的传统也传承了下来，并且不断发扬光大。比方说，2003年12月26日下午，在语言研究中心学术报告厅，文学院语言学系2002级本科生就举行了一次小论文学术报告会。该年级只有一个班，共32人，他们按姓名音序排列先后，一个接一个全都走上了讲坛，报告了自己的小论文。当时，2002级才是二年级。在“硕士—博士—博士后”都已经大有发展的背景下，这些二年级本科生竟然能够独立举行班级学术报告会，人人站到了学术讲坛上陈述见解，这是一件了不起的事。我出席了那次报告会，会后写过短文《语言学系本科生举行学术报告会有感》，发表于2003年12月31日《华中师大报》。我以为，从1959年一个系（院）师生共同举行学术讨论会，到44年后一个班的学生独立举行学术报告会，二者之间在学术源流上是合乎逻辑的推演，历史性地证明了华中师大存在着优良学术传统的绵延。

再说个“文革”时期的例子。

十年“文革”，学术凋零，写书挨批。然而，即使那样，也没有完全堵塞住华中师大学术研究暖流的涌动。华中师大中文系现代汉语教研室的教师们，从70年代初期开始，以集体名义，由湖北人民出版社出版了一套书，包括《现代汉语语法知识》(1972)、《现代汉语修辞知识》(1972)、《现代汉语词汇知识》(1973)、《现代汉语语音知识》(1974)、《现代汉语词义辨析》(1976)和《逻辑知识及其应用》(1977)。这套书，既可以看作专著，也可以用作教材。其中，1972年出版的《现代汉语语法知识》，不断重印，印数达100多万册。此书很快产生国际影响，日本学者加贺美嘉富翻译成了日文，于1976年6月由东京燎原书店出版。清华大学中文系主任黄国营教授，多次对我提起，他是在读了这本书之后，经过考试，有幸成为我国语言学界一代宗师吕叔湘先生的研究生的。

大概是1973年夏季，教育部在广州召开了一个会议，交流教材编写的经验、体会和思路。会上，有几个典型发言，其中一个便是我们华中师大的关于《现代汉语语法知识》一书的编写。当时，华中师大去了五六位代表，我是代表之一，带队的是党委副书记刘丙一同志。武汉大学也去了代表，带队的是我们学校原党委书记、1972年调任武汉大学代校长的刘介愚同志。负责湖北省武汉市赴广州开会各学校联络工作的湖北省教育厅人员，是后来成为国家教委副主任的邹时炎同志。会议期间，刘介愚书记曾请华中师大几位同志吃了一次饭。我发言的题目，是“以句法为主线建立现代汉语语法教学系统”。据说，我的发言稿，教育部有关同志曾请著名语法学家张志公先生审阅过，得到了张先生的热情肯定。

这个例子说明，华中师大不仅存在形式多样地开展学术讨论的传统，而且存在更深层面的坚持不懈地“坐冷板凳”的传统。常言“十月怀胎，一朝分娩”。写书和出书的过程，何尝不是如此？上述这套书之所以能出版，时机上是由于顺应了当时“复课闹革命”的需要，但是，之所以能这么快就出版，则是因为大家暗地里都在扎扎实实地做着学问，不然，怎么可以“啪”的一声立即拿得出来？这个例子又说明，华中师大的学科建设，从表层的学术讨论到深层的学术创新都有其源流，这个源流经过时间的冶炼，很自然会逐渐凝练演化出带有华中师大印记的特色。现在，语言学界都知道，华中师大语言学群体有自己富于个性的研究路数。这套研究路数，其实就是 20 多年前“以句法为主线建立现代汉语语法教学系统”这一学术思路的承传与发展。观察这一事实，又可以从另一个侧面看到华中师大历史性地存在着优良学术传统的绵延。

“眷注学术，自强有为”，这是华中师大历史画卷上永远闪烁着的一个亮点。在大家的不懈努力下，经过一辈接一辈的承传，这个亮点一定会越来越大，越来越亮，一定会使得我们华中师大，在学府丛林中，向世人展露出不愧为百年老校的学术风貌。

《华中师大报》2005 年 9 月 20 日

14

“十来年”义辨

一

“十来年”是多少年？略少于十年，还是略多于十年，抑或是十年左右？

作为概数说法的“X来”，出现于晚唐。有学者认为，这一说法早期就“表示略多”。有学者意见相反，认为早期表示“略少”。

《现代汉语规范词典》（2004）列出词条“来[1]”，其中义项4的解释是：来，助词，用在数词或数量词组后边，表示概数，通常略小于那个数目。（777页）按此解释，“十来年”通常在十年以内。这一解释，应是来自《现代汉语八百词》（1980）。该书的解释是：“表示大概的数目。一般指不到那个数目，有时也指比那个数稍大或稍小。”其实，早在1957年，吕叔湘先生就认为是左右：

“十来个”是说从八九个到十一二个，“五十来个”是说从四十八九个到五十一二个。(《吕叔湘全集》第二卷）我对16年的《人民日报》(1981—2006）进行过全面搜索，搜索面共计九百多万句，将近八亿字。经分析，得到了以下三点结论。

结论一：大多数用例，会“见仁见智”，不同的人有不同的理解。比如：三十来岁的青年船长就有十多位。(1981.1.7）甲可能认为全都小于三十岁，乙可能认为全都大于三十岁，丙可能认为略大、略小和恰好三十岁的情况都存在。如果孤零零地看这个句子，要较劲，谁也说服不了谁。概数的模糊性，可以引发理解的多样性。

结论二：少数用例，由于有特定的根据，可以确认“略多”或“略少”。然而，可以确认为“略多”的占压倒优势。一个方面，是“X来”在结构组织上可能有的模式。首先，是数字递增模式。例如：你能不能用几句话，五句、十句或十来句话，给大家说得简单明了呢？(1987.1.11）这里，“五句、十句或十来句”由少到多地递增，最后的“十来句”不可能少于前边的“十句”。其次，加“这”指代模式。例如：王熙凤在夸宝玉屋里丫头小红嘴巧时，顺便埋怨自己一些佣人嘴笨：“他们必定把一句话拉长了，作两三截儿，咬文嚼字，拿着腔儿，哼哼唧唧的，急得我冒火……”都是家常话儿，却中了写文章的一大弊。这二十来个字可以理解为思路不清，废话太多。（1986.8.25）“这二十来个字”，指的是“把一句话拉长了，作两三截儿，咬文嚼字，拿着腔儿，哼哼唧唧的”（《红楼梦》第27回），实际上共二十五个字。另一个方面，是“X来”同客观事实的联系。首先，是公认的客观事物的常理。例如：家养了二十来只鸡，现在正是旺季，一天二十多个蛋，十天半月就是三四百！（1981.12.28）如果“二十来只鸡”少于“二十只”，怎么可能每天二十多个蛋？其次，相关数量的准确计算。例如：“文化大革命”十来年，顾不得她们了！（1981.2.28）略多于十年。又如：从艺十来年的李雪健打演“匪兵”起，已扮过林彪、“钢铧将军”等不下10回头号角色。（1991.3.2）有11年。

结论三：有的用例，由于有特定的根据，可以确认为“左右”。所谓特定根据，也举出两个方面。一个方面，是结构组织上可能有的概数模式。即“X来”中X本身是个概数。比如：真正在市场上走红的也仅百十来家（2002.5.19）我们从国内调来百十来人，到西班牙建设这个工程。（2006.1.2）“百十”，《现代汉语词典》和《现代汉语规范词典》都列出词条，解释为一百左右。既然如此，“来”只能表示左右。“百十”本身是表示概数的词汇形式，而“来”，则是表示概数的语法成分，二者相互配合，形成一个结构。另一个方面，是相关数量的准确计算。例如：周恩来同志写下“大江歌罢掉头东”和《雨中岚山》壮丽诗篇时，不过二十来岁。（1984.9.24）周恩来生于1898年3月5日。“大江歌罢掉头东”一诗，为1917年东渡日本前所写，当时19岁；《雨中岚山》一诗，为1919年回国前在京都游岚山时所写，当时21岁。可见，“二十来岁”涵盖了19岁和21岁。

统观全局，“X来”可以是或左或右，可以是既左又右，将其含义概括为“左右”，是能准确反映客观语言事实的。

二

晚唐五代以来的近代汉语，情况又如何？首先，需要比较一下“十来年”和“十年来”。学者们一般以为，概数助词“来”的最初形式是“以来”。不论来源如何，这里有必要指出：“十来年”之类和“十年来”之类，有很大区别。从语义上看：“十年来”的“来”指向“十年”，可以换成“以来”，明显表示时间的数量范围；“十来年”的“来”，则指向“十”，不能换成“以来”，明显表示概数。如果认为这两个“来”都是助词，那么，前者更像是范围助词，后者才是典型的概数助词。从语法上看：第一，“十来年”可以用在动词后边充当宾语，如“有十来年”“过了十来年”；“十年来”不能这么办。第二，两个“来”在词语的组配上有不同的表现。比如：表示典型概数的，可以说“四千来年、五千来年”，但不能说“四五千来年”；而主要表示范围的，则不受限制，“四千年来、五千年来、四五千年来”都可以说。可见，两个“来”不应混为一谈 。

接下来，需要回答一个问题：表示典型概数的“X来”，其含义是否只能在“略多”和“略少”之中二者择一？事实表明，跟现代汉语的情况一样，大多数例子会“见仁见智”。比如：三处主持三十来年，匡八百众矣。(《祖堂集》卷十)“三十来”的含义，甲乙丙可以各自坚持己见。少量例子能够确认其多少倾向，但并非一边倒，偏向哪一边的结论都会受到反例的质疑。有的反例，会否定“略多”。比如：人生天地两仪间。且住百来年。(《全宋词》，韦骧《木兰花慢》）年到七十便为“古稀”。古人超过百岁的即使有，也极为个别。因此，上例的“百来年”，应在百年之内，即略少于百年。但是，有的反例，又会否定“略少”。比如：紫玉和尚嗣马大师，在襄阳。师讳道通。未睹实录，不决生缘。襄阳廉师于迪相公，处分界内，凡有行脚僧捉送，无有一僧得命便杀。如是得无数。师闻此消息，欲得去相公处，众中觅人随师。近有十来人，师领十人。恰到界首，十人怕，不敢进。师犹自入界内。(《祖堂集》卷第十四）为了明确语境，我多引了几句话。意思很明白：师要去相公处，找人伴随。师身边有十来人（概数），于是带领其中十人（定数）一起去。这里的“十来人”绝对不可能少于“十人”。这可是反映早期说法的《祖堂集》中的用例！

再接下来，自然就引发一个思考：有没有可能早期就表示“左右”？可以作为这一思考的前提的，是有的 X 本身表示概数。“X 来”如果表示略多或略少，X 必须是定数。比如“千来”，“千”必须是 999 + 1。要是“千”是概数，它本身便是一个左右晃动的数。看这个例子：徒夸筏寿千来岁，也是云中一电光。(《全唐诗》，吕岩《寄白龙洞刘道人》) 此例的意思，跟“云中一电光，人间千来年”之类相通，“千”不是个定数。诗句所要强调的是：不管夸说彭祖活到多少岁，即使是活到一两万岁吧，也不过是“电闪雷鸣”之间的事情而已。作为诗句，这是一种“虚写、泛写”的笔法。在语言形式上，其中的“来”不能替换为“以来”。可以作为旁证的是：天上一朝元五日，人间小住亦千年。(《全宋词》，刘辰翁《双调·寿谢寿朋》)“千年”可说成“千来年”，“千”是概数。琢磨诸如此类的事实，可以得到一点认识：“左右”义可能晚唐已有。

《光明日报》2010 年 6 月 21 日国学版

15

“复制”与“抄袭”

学术的神圣，受到功利的侵扰，近年来书文中出现的抄袭现象引起学术界教育界对学风文品问题的忧虑与思考。

目前，各高校都十分关注这一问题，采取了这样那样的办法来对付。比较普遍的做法，是通过计算机检查论文的复制率，然后根据复制率的高低，提出相应的规定。比方，不超过20%的，可以稍为放松要求；若高于20%，就必须审查。百分比越高，审查越要严格。

何为“复制”？这实际上有三种情况，并非每一种都有抄袭的嫌疑。

第一，按需聚用。即把别人的文句，按特定的需求聚集使用。其突出表现，是古人的“集句”。王安石是集句的高手，《赠张轩民赞善》是他的集句诗之一。全诗为：“潮打空城寂寞回，百年多病独登台。谁人得似张公子，有底忙时不肯来？”第一个小句来自刘禹锡《石头城》；第二个小句来自杜甫《登高》；第三个小句来自杜牧《登池州九峰楼寄张祜》；第四个小句来自韩愈《同水部张员外籍曲江春游寄白二十二舍人》。“集句”多为文字游戏，但也有很好或者比较好的。不管怎样，应该承认是一种令人佩服的创造。因为，从四面八方集拢来的句子必须意思连贯，合乎格律，这极为不易，不是书读得多，并且烂熟于心，又文思敏捷，才华奔放，是做不到的。由于文稿体裁的规约，“集句”的复制率是100%，但跟“抄袭”无关。还需注意一种情况：诗词写作，有时移用别人的语句；移用得巧妙，会令人赞叹不已。比如毛泽东《七律·人民解放军占领南京》：“钟山风雨起苍黄，百万雄师过大江。虎踞龙盘今胜昔，天翻地覆慨而慷。宜将剩勇追穷寇，不可沽名学霸王。天若有情天亦老，人间正道是沧桑。”其中的“天若有情天亦老”，本是唐朝李贺《金铜仙人辞汉歌》中的诗句。毛泽东那首七律，8句中有1句是“复制”别人作品，然而，却是创造性的移用。

第二，规范引用。即按学术规范，毫不含糊地写明所用语句引自别人的书文，并且说清楚了引文的出处。最近，我写了一篇《大家小书 形小义大》的文章，用较多的篇幅写下了对詹伯慧教授《语文杂记》这本“小书”的突出感觉：第一，爱我中华的情怀；第二，辩证开明的思路；第三，融会贯通的学养；第四，虚怀若谷的风范；第五，通俗活泼的文笔。对于五点感觉中的每一点，我的写法都是先引述作者原文，然后作一两句话的点评。比如：“第一，爱我中华的情怀。在《普通话和方言》中，作者写道……在《跟进语文发展，善待语文资源》中，作者写道：……作者的论说使人感到，这部‘小书’里贯穿着一条可以为全球华人所认同的红线，这就是：‘爱我中华！’”规范引用，办法很多，关键在于交代清楚。我这篇文章的“复制率”，肯定属于比较高的一类。然而，哪些话是詹伯慧教授说的，哪些话才是我说的，十分清楚，不会有人说我是抄袭。

第三，违法剽窃。即偷偷摸摸地把别人的成果“复制”到自己的成果里，用来冒充自己的创造。2011 年 2 月中旬，“长江学者”、某著名大学的一位教授，在报奖材料里，把别人的成果“复制”成为自己的成果，获得了国家级高级别奖项，结果被揭穿了。这只是一个“著名”的例子。

还有一类变相抄袭现象，不可忽视。这就是：被“抄袭”的对象不是别人的书文，而是别人尚未形成“白纸黑字”的话语。比方说，甲讲课，乙听课，甲因为种种原因来不及把讲稿整理成书正式出版，乙却将听课笔记略加改造以后出版了“专著”。甲辛辛苦苦地忙碌了多年，其成果却被乙用来成名，用来评上了高级职称。又比方说，甲在某正式或非正式的学术讨论场合发表意见，但没有立即写成论文在刊物上发表出来，乙却行动迅速，很快地把甲的意见当作自己的发现而写成论文发表了。于是，甲的智慧的闪光，一下子被转移成了乙的财富。

做任何事情，都必须讲求科学性。“复制”与“抄袭”的关系，不能简单地由百分比来当主裁判。凡是符合学术规范的，复制率到底容许高到多少，不应作硬性规定；而作为特殊情况，“集句”诗词的复制率为100%，更是无可非议。反过来看，复制率低的，也不能随便忽略。假设违规复制率只有15%，一篇20万字的博士学位论文里就有3万字属于抄袭，这能容忍吗？假设这篇论文的违规复制率只有1%，但也有2000字，而这2000字恰恰是该文的关键性结论，作者却让人认为是他第一个提出来的。这仍然是严重的剽窃行为！

总之，关于“复制率”，不能简单化，不要一刀切。在检查“复制率”之后，应该还有一个重要步骤，这就是，专家的权威性鉴别。当然，说到底，这只是消极方面的防御性措施。要培养出人才，更重要的是正面教育。应该让研究生们懂得一个道理：学术行为不是孤立的个人性活动，任何人的学风文品都存在符合社会公益还是违背社会公益的问题，必然接受社会公益的管约，这种管约实际上就是学者们的学术行为的公约，就是全社会客观地存在着的须由大家共同遵守的学术规范。作为“公约”，“分清人己成果”是排在第一位的要求。研究生们应像保护眼珠那样保护人格的尊严，自觉地树立一个意识：做干净纯正的人！做自强自立的人！

（按：此文为作者在2011年3月3日华中师范大学“学风文品问题学术讲座”上的演讲。略有删节。）

《光明日报》2011年3月25日风华时代版

16

大器晚成和厚积薄发

（一）大器晚成

“大器晚成”见于《老子》。《汉语大词典》解释道：“大器晚成，谓贵重物器需要长时间才能完成。常比喻大才之人成就往往较晚。《老子》：‘大器晚成，大音希声。’汉王充《论衡·状留》：‘大器晚成，宝货难售。不崇一朝辄成贾者，菜果之物也。’……”（第二卷 1394）该词典同时列举了“大器晚成”的本义和比喻义。

就本义而言，历来多位学者和各种辞书的解释尽管字句有所不同，但意思跟上面的说法没有区别。《汉语大词典》还引用《论衡》中的句子，凸显“大器晚成，宝货难售”的并列使用，应是特意借以证明历来解释之无误。但是，《老子》第四十一章中以“大”起头并且排比在一起的小句共 4 个：“大方无隅；大器晚成；大音希声；大象无形。”大意是：度量特大的方形，反而没有棱角；度量特大的器皿，总是很晚才能成就；度量特大的声音，反而难以听清；度量特大的物象，反而难以看到。由此看来，在句法构造上，4个小句中，只有位居第二的“大器晚成”具有顺承关系，不能加上“反而”；前头和后头的3个小句却都具有逆接关系，它们都可以加上“反而”。这不能不引发一个问题：“大器晚成”的本义，有没有别的解释？根据王光汉《“大器晚成”初义辨》一文的考证（见《合肥学院学报》[社会科学版]2008年第6期），“免”和“晚”可以互通，“盛”和“成”可以相通，“大器晚成”的初义应是“大器免盛”（邢按：大意为特大的器皿反而不盛东西）。是否如此，还需要作进一步的求证。然而，无论如何，这是一个值得重视的见解。当然，正如王光汉教授所说：“‘大器晚成’一语的字面义比较好解，……语言是约定俗成的，语言中以非为是、以是为非的东西很多。‘大器晚成’已成成语，今人按世俗常用义去使用自无可厚非。”

“大方无隅、大音希声、大象无形”都没有比喻义，成了历史用语；“大器晚成”的“大器”，却产生比喻义，由鼎、钟之类转指杰出或突出的人才，使得这一用语获得了强大的生命力，因而数千年来常被使用而不辍。在这一点上，必须注意：人有大成，跟器物的造成不是一回事。人的成才，虽然并不绝对受到年龄的制约，但有一定的正常茂密期。只有过了正常茂密期而取得突出成就的人，才被认为是“大器晚成”的人。学者也好，运动员也好，都是如此，这两类人只是因为职业的不同而正常茂密期的具体时段有所不同罢了。

观察可知，具有比喻义的“大器晚成”，由于形容的是已过“茂密”期的人，在具体的语言运用中就出现了这样那样的用法，起着这样那样的作用。有的时候用来表示对特定人士的赞扬或敬佩。比如：“净修禅师赞曰：伏驮密多，大器晚成。”（《祖堂集》）有的时候用来安慰对方或者用来表示自我安慰。比如：“二位先生高才久屈，将来定是大器晚成的。”（《儒林外史》第49回）有的时候用来描述客观事实。比如：“刘易斯是少年得志，约翰逊是大器晚成。”（《人民日报》1988年9月27日）有的时候用来对事物的发展进行理智分析。比如：“大器晚成是中国画的一条规律，因为中国画是阅历、修养、功力的积累，涵养不到，格调、境界也就不到，这不是靠巧智可以捷达的。”（《人民日报》1996年8月15日）

（二）厚积薄发

“厚积薄发”是由“厚积而薄发”紧缩而成的成语。“厚积而薄发”见于苏轼《送张琥》:“呜呼，吾子其去此而务学也哉！博观而约取，厚积而薄发，吾告子止于此矣。”（见《苏轼文集》，中华书局1986）这是苏轼送给同科考中的同事张琥的一篇杂说。

“厚积薄发”反映了我国学界历来崇尚的朴学精神，强调做学问要有厚实的功底，在厚厚地累积的基础上薄薄地挥发，以保证著述的谨严可靠，无可挑剔。这是一种优良学风。因此，这一成语常常用来劝导别人。例如:“要珍惜时间，注意积累，厚积薄发。”（《人民日报》1996年3月4日）“劝君莫染轻浮气，厚积薄发效先哲。”（《人民日报》2002年1月17日）更常常用来赞扬那些可为楷模的人。例如:“厚积薄发是他为文之道，耐得寂寞是他为人之道。”（《人民日报》1988年5月24日）“几十年的书海远航，培养了他深厚的史学基础和文学修养，一俟把笔为文，即可做到厚积薄发，从心所欲，而决无艰窘之态。”（《人民日报》1993年12月17日）

跟“厚积薄发”相反的是“薄积厚发”。目前，学风浮躁，某些导向性措施容易把学者尤其是青年学者引向急功近利。于是，写出来的文章往往“长平快”。文章长，质量平，写得快！这是“薄积厚发”的结果，对学科发展极为不利。这一点，已经引起了众多有识之士的高度关注和尖锐批评。举两个例子：“现在某些学术文章往往不是深入浅出、厚积薄发，而是浅入深出、薄积厚发——本来研究很浅，但写出的文章似乎很深，若仔细推敲，却又言之无物，此即是这种虚华与浅薄的表现。”（《人民日报》1999年11月27日）“不少人做学问不是‘厚积薄发’，而是‘薄’积‘厚’发，甚至‘没’积也发，剪刀加浆糊，连篇累牍，好像‘学富五车’、‘才高八斗’，实则下笔千言，离题万里，‘嘴尖皮厚腹中空’。”（《人民日报》2002年1月17日）

（三）“大器晚成”和“厚积薄发”的语用指向

从上面的例析可以知道：作为成语，“大器晚成”的语用重点指向成才的某个时段，“厚积薄发”的语用重点指向成才的某种学风。

凡是“大器晚成”的评说，都用于已过成才茂密期的人物。这种语用偏向性，决定了这一成语所表示的不是普遍适用的成才原理，因而不能成为教育学生、造就人才的定律。在大学中，对于青年学生，特别是 20 岁上下的本科学生，不应强调“大器晚成”。不然，会束缚他们聪明才智的及时闪光。至于上面提到的“大器晚成是中国画的一条规律”，这只是一种规律性的讨论，意在告诫青年人不要急于求成，而不是提倡压制青年人才华的喷发而无所作为地等待。

至于“厚积薄发”，则适用于强调传统优良学风的发扬。这种语用偏向性，也决定了这一成语不属于普遍适用的成才原理。比方说，从治学方法和成才过程看，“厚积薄发”容易被理解为：先要厚积，然后才能薄发。其实，如果过于执着于“积”和“发”的先后关系，不肯或不敢轻易动笔，结果会越拖年龄越大，越出不了成果。就过程而论，治学中应该以积促发，以发带积，二者互动，形成良性循环。常言：“在游泳中学习游泳”“在战争中学习战争”“有多少热就发多少光”“在实践过程中成长”。会做学问的人，总是边积边发、边发边积，再边积边发、边发边积，如此循环往复，螺旋上升，终于取得令人瞩目的成就。有人还著文指出："当今信息时代在反映现实的层面上与生活大体同步而厚积薄发获得新闻效果，已不可能。"(《人民日报》1995 年 4 月 4 日）这个命题，更涉及了信息时代和厚积薄发的关系。可见，跟"大器晚成"一样，"厚积薄发"也不宜在对青年学生的培养中作为一条教育原则来提倡。

国学宝库中，储存有许许多多名言，世世代代起着教育后来人的作用。但是，有的名言说的是普遍性道理，比如"有所不为""己所不欲，勿施于人"，不管何时何地，做人做事，都可以成为准则；有的名言却具有特定的语用适应性，比如"大器晚成"和"厚积薄发"，如果在教育年轻学子时被强调成为准则，便失之于保守。这一点，应该有所思辨。

《光明日报》2011 年 7 月 4 日国学版

17

“国学”和“新国学”

《光明日报》国学版的创刊，有如一石击出千层浪，引起了学术界、教育界以及社会各界众多人士的高度关注。对于一门学科来说，五年时间太短了。然而，就这么五年的时间，“国学”这一概念却已经得到了令人惊讶的历史性发展。

2006年8月，在《国学精魂与现代语学》一文中，我谈过国学的定格和涌流，指出国学已经定格在了中国历史的框架之上，而国学精魂则一直涌流在中国文化承传的长河之中。这两年，我的看法有所改变，认为客观上已然形成“新国学”的概念。这一概念的形成，表明了学者们并非固守原来的国学阵地，而是在新的起点上研究国学，做继承创新的促进派。

任何概念都有其内涵与外延。新国学与原义国学相对比而存在，都在特定历史背景下产生。原义国学专指国故，范围相对确定，词典里可以列出词条，加以解释；新国学却是当今中国在继承原义国学的基础上发展起来的国学，范围十分宽泛，正处在形成和演变之中，想要确认其内涵与外延，恐怕还需要若干年。从概念之间的关系来说，既然有原义国学和新国学的并列，二者的上位概念自然便是"国学"。这样，"国学"便有了狭义和广义两个含义。狭义国学指原义国学；广义国学则指包括原义国学在内的新国学，即当今国学。《光明日报》国学版上发表的文章，总体看，是广义国学的文章。

是不是每一个国家都有"国学"？从理论上讲，是这样。但是，不一定每一个国家都会提出该国"国学"的概念。因为，这一概念是建立在特定的文化根基之上，并且在特定历史背景下产生的。中国之所以出现"国学"的专名，是因为：第一，中国的学术文化有悠久的历史渊源，上下数千年；第二，中国的传统学术文化极其辉煌，并且具有独特性和多样性，有益于全人类；第三，在特定历史背景下，中国的古代学术文化面临外学的挑战，处于受欺凌、受排挤的状态。当年，西学东渐，"国学"的概念正是在西学的侵逼下提出的。今天，我们又一次面对西学的侵逼，就语言学而言，其严重程度比当年更强，强到几乎要让人高呼：警惕中国成为某一个国家的学术殖民地或半殖民地！正是在这样的状况之下，国学热潮又一次掀了起来。我以为，当今兴起的国学热潮，既有利于中华文化的伟大复兴，又有利于助产具有中国特色的学术流派。这一点，意义极为重大。新国学的巨大生命力，就在于此。

那么，“新国学”应该如何处理跟外来理论的关系？以汉语语言学来说，百余年来，没有外来理论的引进，便没有中国汉语语言学的今天。但是，“引进”和“汉化”必须成为历史征程中先后衔接的两大阶段。“引进”，是先发的第一个大阶段，重点在于把国外理论应用于汉语研究，举出若干汉语例子来加以演绎；而“汉化”，即中国化，重点在于让国外理论在汉语事实中定根生发，使国外理论融入汉语研究的整体需求，从而建立起适合于汉语研究的理论和方法。“古为今用，洋为中用”，这是永远正确的一条原则。其中的“今”和“中”，指的是“当今中国”。从古代承传下来的理论也好，从外洋引移而来的理论也好，都必须统一到服务于当今中国的应用实践上面来。这样，外来理论也许有可能融入新国学，成为充实新国学内容的潜因素。

《光明日报》国学版，可以用“影响巨大”来评价。《礼记·中庸》:“博学之，审问之，慎思之，明辨之，笃行之。”这几个小句，我觉得，很能表达国学版五年来在视野、思路、策划、作为等方面给广大读者留下的深刻印象。

见梁枢主编《国学精华编》《国学访谈录》，

商务印书馆 2011 年 8 月。

18

光明之路越走越宽敞

我的书架上，最醒目、最顺手的地方，放着三本书：一为《最忆是母校》(光明日报“母校礼赞”作品选粹，光明日报出版社2010)，二与三为《国学精华编》和《国学访谈录》(光明日报国学版丛书，商务印书馆2011)。一有空，抽出其中一本，随便翻开来阅读某一语篇，无不心有所悟，真的是“开卷有益”。

“母校礼赞”这个栏目创意特好，极有亲切感和召唤力。知识分子谁个没有母校？谁个不是母校的乳汁哺育成长的？想起母校，谁个没有许许多多的话要说？这可是一个爱我中华、造就才俊的教育大平台。正因如此，栏目2007年9月一开辟，便引来了一篇接一篇诗文佳作，两年之后便刊出了分布于全国东西南北中的60多所学校的“礼赞”。综观各篇礼赞，文体多样，各具特色，但都主题高雅，立意深刻，表述清朗，引人入胜。很有幸，我写了一篇《黄流中学怀想》，发表在了2007年12月25日的光明日报上面。黄流中学是海南岛南部靠海处的一所中学，1949年至1952我在那里读初中。《怀想》里，我从叙述当年发生在我和一位青年老师之间的一个小故事写起，然后无限感慨地说："老师送我铅笔，使我憧憬未来；老师相信我没撒谎，更使我深感温暖。时间过去了57个年头，许多事情忘记了，这件事却不但始终不忘，而且让我生发出了好些感悟。"在列举了三点感悟之后，我又写道："教与学，师与生，在教育发展史和学术发展史上，历来是起着筋脉贯通作用的重要话题。……一册《论语》，实际上就是师生共同谱写的一部气势磅礴的大交响乐。在我们炎黄子孙共同拥有的国学宝库中，同类记录很多，反映的是教师的风范，尊师的美德，师生之间的相互理解与关爱。"老实说，这篇《怀想》不是用"手"写出来的，而是用"心"写出来的。家乡老友来信告知，黄流中学当成一件大事，将《怀想》扫描放大，在学校的大橱窗里展示出来。我想，任何一所学校，只要光明日报上出现其"礼赞"，一定都会受到极大的鼓舞和激励，一定都会用来作为历史教科书的重要补充读物。我从内心里感谢光明日报给了我发表怀想母校的篇幅。我更感觉到，光明日报是在引领教育走着光明大道，跟全国教育工作者，不，跟天下父母心连心。

2006 年 1 月创刊的“国学版”，是新中国建立以来主流媒体中唯一的国学专刊。其创刊，显然跟中华文化伟大复兴的宏图密切相关。如果说“母校礼赞”主要是个教育大平台，那么，“国学版”便是气度更加恢宏、涉及面更加广阔的学术大殿堂。这座殿堂，不仅可以展现一个文明古国的历史面貌，而且可以帮助人们看准中国今后坚定不移的发展走向。

从“国学版”创刊，到《国学精华编》和《国学访谈录》出版之时，仅仅 5 年时间，国学版便已刊出了 185 期，总计 160 万字。人们欣喜地看到，国学版努力于探索“新闻纸上办学术”的特色之路，广泛地把各方面学者的积极性调动了起来，推动和促成了全国性的国学热。我是国学版的受益者。我的主攻方向是现代汉语语法学，但在我的“两个三角”研究思路中有一个“大三角”，主张“以方证普，以古证今”，这决定了我必须重视古籍的学习与钻研，这样才能把从古至今这条线索串联起来。因此，国学版一创刊，便成了我学习进修的大课堂。一方面，我阅读多位学者的论说，借以优化自己的知识结构；另一方面，我观察古今语言现象的联系，动笔写出自己思考之所得。近十年来，我在光明日报上发表了大小文章十多篇，其中大多数是在国学版上发表的。有学者评价我在国学版上的文章，说“既是语言学，又走出了语言学”。我十分看重因而十分珍惜，我在年过古稀之时，跟国学版结下的这段师友缘分。

按我的理解，国学版的重要任务之一，是探索如何发挥国学作品古为今用的途径。2007年下半年，由国学版担纲的《三字经》修订工程正式启动，立即引发了波浪迭起的全国性热潮。《三字经》是我国传统蒙学教材中影响最大的一部，其中包含有爱国助人、勤奋立志、博雅谦恭等内容，反映了我国几千年文化的特质。1900年，联合国教科文组织将它选入了“世界儿童道德丛书”，成了全人类共同的文化遗产。2007年11月8日，国学版上公布三字经修订工程编审委员会名单，主任委员为学识渊博的傅璇琮先生。傅先生是国家古籍整理出版规划领导小组副组长，曾任中华书局总编辑。承蒙国学版的厚爱，我也参加了编审委员会。2008年2月29日，《三字经》定稿会议在北师大宾馆举行。会上，大家主要讨论的问题有两个。第一个问题，是《三字经》里所写的“历代事”应该划到什么时候？是划到清朝末年，还是划到新中国成立，还是延展到今天？经过大家的反复讨论，决定划到“辛亥年，帝制终”。这是因为，就文化属性看，三字经属于古代文化，其中包含君为臣纲、三从四德、逆来顺受等古代封建思想；就语言属性看，三字经属于古代汉语，比如：“苟不教，性乃迁”“曰南北，曰西东”“迨至隋，一土宇”“朝于斯，夕于斯”等用法；再从文化认同感看，把《三字经》的延展时间裁定在清朝灭亡，更符合全世界华人的心态，有利于促进大中华的繁荣昌盛。第二个问题，是反映古代封建思想的《三字经》毕竟包含有对少年不利的消极因素，怎么办？经过大家的反复讨论，决定高屋建瓴地对《三字经》略作介绍与点评，借以体现时代精神。于是，决定补上以下语句：“上录者·三字经·七百年·广流行·撰此经·王应麟·宋末人·生于鄞·为劝学·多警言·其形式·众乐见·元以降·学人补·章太炎·最显目·旧时书·受局限·古文化·古理念·现社会·认知变·新风尚·新观点·当取精·与时进·科学观·指要津·知荣辱·倡和谐·大中华·日日新。”（《国学精华编》103 页）这次定稿会议，切实发扬学术民主，大家坦诚交换意见，相互尊重，畅所欲言，择善而从。那么，修订后的《三字经》，能不能让每个读者都完全满意呢？这是不可能的。但是，无论如何，我认为国学版为了探索古为今用的途径，充分发动群众，充分尊重各个方面专家的意见，从工作的细致深入到优良学风的发扬，都肯定是可圈可点的。

“誉天下之大，褒日月之明。”柳宗元的语句，很能引人联想。光明日报是党联系广大知识界的桥梁和纽带，广大知识分子把光明日报看作自己的“家”。我上面只谈了两个亮点，然而，这两个亮点足以说明：光明日报善于决策，善于走群众路线，总是有新的构思，总能不断推出新的栏目。这决定了光明日报能够常办常新，能够成为大家公认的广大知识界喜闻乐见的一份大报。我深信，光明日报的路子，定会越走越宽敞，越走越亮堂！

《光明日报》2012 年 2 月 25 日读者之窗版

19

“诞辰”古今演化辨察

按辞书的解释，“诞辰”即“生日”，名词。“诞辰”用于地位崇高、值得尊敬的人，其出现，自然比适用于所有人的“生日”为晚。据现在掌握的文献，最早见到的“诞辰”，应是唐中宗李显所题“十月诞辰内殿宴群臣效柏梁体联句”(《全唐诗》卷2)；而“生日”，则在东汉班固所写《白虎通·姓名》就已见到了：“殷以生日名子何？殷家实，故以生日名子也。”

但是，语言是发展演变的。据笔者的观察，在现代汉语里，“诞辰”有的时候已经演化为“诞生”的同义词，在特定结构中用作动词。本文讨论“诞辰”一词发生演化的两个结构模式。所据语料，引自我们单位制作的《人民日报》语料库。这是一个大型语料库，录入了从1981年到2012年3月的《人民日报》，延续时间31年。

“诞辰日”

“诞辰日”由“诞辰”和“生日”并合演化而成。几个问题，需要辨察。

第一，这个说法，有足够的事实来支持吗？王力先生说过：“我们尊重的是事实，也就是实事求是。清朝人讲‘例不十法不立’，我再加一句，‘例外不十法不破’，也就是要摆事实讲道理。事实不足，道理不直，就有毛病。”（见《语言大师王力与玉林》，《玉林日报》2009年5月25日）检索上述语料库，可以见到使用“诞辰日”的例子共73个，包括“黄帝诞辰日、妈祖诞辰日、李大钊诞辰日、林肯诞辰日、莎士比亚诞辰日”等，已经远远不是“例不十”了。下面是检索见到的第一个例子：1983年1月1日，是现代国际奥林匹克运动创始人顾拜旦120周年诞辰日。（1983年2月5日）仅仅检索2012年1—3月，便可以见到三个例子：孔子的诞辰日那天，就是苏州的阅读节。（2012年1月6日）｜有不少人建议设置植根中华文化土壤的……中华师表日（孔子诞辰日）。（2012年3月1日）｜颁奖仪式定于

2013年3月3日唐弢诞辰日进行。（2012年3月22日）可见，“诞辰日”的使用频率不低，而且有越来越高的走向。

第二，既然“诞辰”就是“生日”，“诞辰日”便等于说“生日日”，这个说法通吗？通与不通，要看怎么理解语言事实。语言现象往往不是二加一等于三的绝对化关系。“诞辰日”是以“诞生日”的语义角色出现的，即“诞辰日”等于说“诞生日”。可以认为，“诞辰日”中“辰”的意义已被弱化而脱落。词语结构中，类似情况是存在的。比如，“国家”“窗户”和“人物”，只指“国”“窗”和“人”，“家”“户”和“物”的语义弱化脱落；又如，好些地方称弟弟为“兄弟”，“兄”的语义弱化脱落。“诞辰”是文言词语，不在群众口头上经常使用，现代人大多数对“辰”字含义的理解相对模糊，因而使用“诞辰日”说法时，只管语用的需求，而不考虑其原本表示什么意思。正因如此，出现新兴的演化模式，形成约定俗成、积非成是的说法，是可以理解的。

第三，“诞生日”是个现成的说法，为什么要另起炉灶，造出一个“诞辰日”？实际语言运用中，的确“诞生日”和“诞辰日”的说法都存在，但是，“诞生日”

的使用数量少于“诞辰日”。“诞生”是书面语词，比“出生”庄重得多；但跟“诞辰”相比较，“诞辰”文言味更浓，显得特别古雅庄严，更能形容人们内心的崇敬高度。

第四，“诞辰日”的使用，跟语言结构的组配状态有没有什么关系？考察可知，有一定的关系。首先，有的时候，如果用本义的名词“诞辰”，会影响句子中词语组配的匀称美。比如：现行的世界读书日是英国诗人、剧作家莎士比亚的诞辰日与西班牙作家塞万提斯的逝世日（2011 年 3 月 14 日）。这里“读书日—诞辰日—逝世日”对称呼应，要是不用“诞辰日”，说成“读书日—诞辰—逝世日”，句法的美感便会丧失。其次，如果用本义的名词“诞辰”，对于现代人来说，会觉得缺了点什么，感到极不自然。例如：孔孟旅游区，今年 10 月孔子诞辰日开放。（1987 年 7 月 30 日）｜他的名字屡屡见诸报端，诞辰日受到隆重纪念。（2002 年 4 月 8 日）——这两例如果分别说成“今年 10 月孔子诞辰开放”和“诞辰受到隆重纪念”，都会使人感到有点站不稳。这又从另一个角度说明，“诞辰日”的使用，跟现代汉语的语用需求相关。

“诞辰多少周年”

《咬文嚼字》2003年第8期设立专栏，刊登了8篇短文。认为“诞辰多少周年”不能说的，有2篇；认为“诞辰多少周年”和“多少周年诞辰”都不能说的，有2篇；认为“诞辰多少周年”和“多少周年诞辰”都能说的，有4篇（其中一篇为笔者所写）。该栏目的“编者附言”写道：“本刊的态度是赞成两说并存。”但是，到了2011年4月份，笔者又看到一份关于语言文字规范的规定，其中仍然把“诞辰多少周年”判为病句。为此，笔者感到有必要再强调以下几点。

第一，面对语言事实。数据证明：现今文章中，“诞辰多少周年”的说法，远远多于“多少周年诞辰”。数据来自对上述语料库的全面搜索。以孙中山来说，“孙中山诞辰多少周年”和“孙中山多少周年诞辰”的说法都有。但是，31年的《人民日报》上，“孙中山诞辰多少周年”一共出现278次，而“孙中山多少周年诞辰”仅出现10次。再以鲁迅来说，“鲁迅诞辰多少周年”和“鲁迅多少周年诞辰”的说法都有。但是，31年的《人民日报》上，

“鲁迅诞辰多少周年”一共出现132次，而“鲁迅多少周年诞辰”仅出现6次。

第二，面对词语原义。无疑，古文献里“诞辰”都用在“生日”的意义之上。本文开头举过李显的用例。同类例子不胜枚举。但是，上一部分的分析已经有力地证明，经过漫长时间的擦磨，在现代汉语里“诞辰日”的说法中，“诞辰”已经动词化，不再等同于“生日”。同样，在“诞辰多少周年”的说法中，语言使用者也把“诞辰”视同了动词。比如：今年是鲁迅逝世60周年和法国文学家罗曼·罗兰诞辰130周年。（1996年2月25日）这里，“鲁迅逝世60周年”和“法国文学家罗曼·罗兰诞辰130周年”对举使用，“逝世”映衬出了“诞辰”的动词性。

第三，面对语用导向。为什么“诞辰多少周年”的说法多于“多少周年诞辰”？其重要原因是句法组织的类化。比如“海南建省多少周年、西藏通车多少周年、茅盾去世多少周年”等等说法常见于举行庆祝活动、纪念活动的场合。类化开来，“茅盾诞辰多少周年”之类说法便出现了，流行起来了。那么，既然可以把“诞辰”和“诞生”当作同义词来使用，为什么不直截了当地统一使用“诞生多少周年”？这里也有一个数据：31 年的《人民日报》上，“鲁迅诞辰多少周年”一共出现 132 次，而“鲁迅诞生多少周年”仅出现 15 次。诚然，“诞辰”更适合用于特别值得尊崇的人物，因而在“诞辰多少周年”格式中使用频率压倒了“诞生”。

语言学家不是语言的指挥官，而是语言的解说员。语言学家应该用发展的眼光尽可能全面地观察语言事实，不要拘泥于古法。事实上，关于“诞辰”一词的使用，语言学家们已经在顺应语言的发展观和群众观了。比如，在语言学界权威刊物《中国语文》上面，近年多次看到这样的标题：黎锦熙先生诞辰 120 周年纪念暨学术思想研讨会在京举行（2010 年第 4 期）｜纪念高名凯先生诞辰 100 周年（2011 年第 3 期）。这里，用的都是“诞辰多少周年”的模式。古人云：“论必据迹”（欧阳修《或问》），“观天下书未遍，不得妄下雌黄”（《颜氏家训·勉学篇》）。重温朴学名言，可以得到启示。

《光明日报》2012 年 4 月 16 日国学版

20

俚俗化北味说法“一 + 名”

一

“一 + 名”是数词直接跟名词组合使用的结构，数与名之间不出现量词。所谓“名”，可以是一个名词，也可以是一个名词性短语。

汉藏语言词类上的一个特点是有量词。量词从少到多，从简单到复杂，是汉藏语系语言共同的发展趋势。（参看马学良主编《汉藏语概论 · 导言》，民族出版社 2003）汉藏语言中各种语言量词使用的具体情况如何，相互间如何发生影响，诸多问题有待做进一步研究。可以肯定的是，汉语里的量词古代远非像现在这么普遍使用。甲骨卜辞里，仅有“朋、丙、卣”等少数几个量词；到了周秦，量词逐渐增加；到了中古和近代，量词又有进一步发展。（参看向熹《简明汉语史》，高等教育出版社 1993）在现当代，量词同数词相伴出现，成了“数不离量”的常见现象。

以数词“一”和量词配合使用的情况来说，比较一下上古的《论语》和现代朱自清的散文《荷塘月色》，可以看得很清楚。《论语》里，“一”字出现32次。进入“一+量+名”格式的只有2次，即：“贤哉，回也！一箪食，一瓢饮，在陋巷。人不堪其忧，回也不改其乐。”（卷二八佾第三）“一箪食，一瓢饮”，等于说“一竹筐饭，一瓜瓢水”，“箪、瓢”是量词。然而，《论语》里常见的说法却是以下两种：1）“一+名”。即“一”字直接跟名词组合。例如：“一言而可以兴邦，有诸？”（卷七子路第十三）｜“无求备于一人。”（卷九微子第十八）——前例意思是，一句话可以使国家兴盛，有这种事吗？“一言”等于说“一句话”。后例意思是，不要对一个人求全责备。“一人”等于说“一个人”。2）“一”字单用。“一”字统括“一+量+名”的意思，语表形式上不出现量词和名词。例如：“参乎！吾道一以贯之。”（卷二里仁第四）｜“回也闻一以知十。”（卷三公冶长第五）——前例意思是，我的学说可以用一个词贯穿。“一”等于说“一个词”。后例意思是，颜回呀听得一件事可以推断出十件事。“一”等于说“一件事”。

至于朱自清1357字的散文《荷塘月色》，“一”字出现30次。涉及“数量名”关系的，几乎全是“一+量+名”。比如：一个人，一番样子，一些颜色，一片叶子，一团烟雾；又如：一条幽僻的路，一道凝碧的波痕，一层淡淡的云，一个热闹的季节，一些流水的影子。这篇散文中只有一处说成“另一世界”，没用量词。究其因，“另一世界”是个四字格，比起说成五个字的“另一个世界”，更符合汉人传统的审美语感。

二

总体看，“数+量+名”是当今占压倒优势的语法格局。但是，近年来，“一+名”这种“数+名”结构却在局部范围内“时髦”了起来，形成了一种带有“北味”的大众口语说法。“北味”，指以北京“平民”为代表的北方人说话所显示的情味。北京作家王朔和魏润身，作品中的语言有较浓的京味，“一+名”的结构十分常见。王朔在《美人赠我蒙汗药》这篇小说中，连续使用“一俗人”。例如：“有一阵子，满世界都是‘咱也是一俗人’，就是想捞钱，想成为大众明星，怎么啦？……咱也是一俗人，是调侃，也是无奈；是自贱，也是贱人。”在这里，“一俗人”成了自我“调侃”的俚俗用语。魏润身在《顶戴钩沉》中这么写道：“你枝子还是古玩市场的后起之秀鉴赏明星，整个儿一二五眼，连你都是踹货，闷了吧，这么半天竟然连个屁都放不出一个来。”在这里，“一二五眼”是“一＋名”。查资料得知，名词“二五眼”来自京剧中的“板眼”。“板眼”有各种各样，就“两板 X 眼”来说，可以有两板三眼、两板四眼和两板六眼，但是不能有两板五眼。“二五眼”即两板五眼，指不着调，借指不中用没能耐的人。上例表述直白俚俗，读起来让人感到京味很足。

俚俗化北味格式，比较典型的有两个。在其他作家包括老舍的作品中，没有发现或者极少发现。

格式一：“S（就）是・一＋名词”。S 代表主语。有时，“是”字前边不用“就”。例如：您是一大夫是吧？（王朔《刘慧芳》）｜哥们儿，他是一老绝户。（魏润身《顶戴钩沉》）｜红头涨脸的是一大胡子。（同上）有时，“是”字前边加“就”，强调意味加重。例如：不不，我就是一骚客。（王朔《你不是一个俗人》，骚客多用来形容不得志的诗人或文人）｜我就是一傻波依。（王朔《顽主》，波依即英语的boy，汉语的男孩）看电视连续剧，经常听到这样的说法：你就是一这样的人啊！（《雪花那个飘》第7集）｜不管别人怎么看，你在我眼里就是一英雄。（《我的父亲是板凳》第9集）上网查看，经常见到这样的说法：天生就是一娘们。｜我就是一无赖。｜我就是一文坛老农。

格式二："（S）整个儿·一+名词。"有时，句首出现主语。例如：我也整个儿一母猪眼。（魏润身《挠攘》）有时，句首不出现主语。例如：整个儿一傻×。（同上）｜不是人，整个儿一造粪机器。（同上）｜见异思迁比陈世美还陈世美，对那娇滴滴的母百灵合笼几天就腻就啄妻灭子，不换新的就跟四爷吊腰子不唱不叫——整个儿一花花公子纨绔子弟。（同上）"整个儿·一+名词"，不仅文言文、古白话作品里没有，现当代作品中也没有，老舍作品中也看不到。不过，通过上网，可以见到不少用例。例如：整个儿一人精｜整个儿一显摆。（"显摆"就是炫耀）还可以见到"整个儿"和"一+名词"之间嵌入"就是"的现象，说明这一格式跟格式一存在相通之处。例如：安辰整个儿就是一醋坛子。｜我的腿整个儿就是一象腿，怎么办呀！

三

说说几点认识。

第一，北味“一＋名”几乎可以出现在名词结构可以出现的所有位置之上。除了以上两个格式，还可以看到以下种种情况。比如：过去唱歌老百姓就知有一郭兰英。（魏润身《挠攘》）｜小卖部最近换一河南丫头叫爱香。（同上）——前例，“一郭兰英”充当“有”的宾语；后例“一河南丫头”充当兼语（既是“换”的宾语又是“叫爱香”的主语）。

第二，新潮北味“一＋名”实际上已经融进了共同语。其使用者，除了王朔和魏润身，还有其他北京作家，而且并不局限于北方官话区的作家。例如：队长家确有一棕色母狗。（北京王小波《黄金时代》）｜盒中有一红花瓷碗。（山东莫言《檀香刑》）｜不能这样躺在竹床上，要垫一床单。（湖北刘醒龙《菩提醉了》）｜洛兵来赴约时，穿一普通的素色衬衫。（江苏张欣《爱又如何》）｜曾有一畅销文艺作家……在封底印上自己的玉照。（台湾鹿港席绢《女作家的爱情冒险》）事实表明，北味“一＋名”已经在不大为人所注意的情况下，成了共同语里一种具有特定语用价值的用法。

第三，“一＋名”并非都是新潮北味说法。有的一直以来都在使用，属于原有说法，比如“一人”。此外，还有多种情况。举例说：可以是习用性表述。比如，剧本中人物对话之间通过括号插入了“一士兵上”。也可以是文言色彩较重的话语。如：“妾一妇人，少更世事。”（姚雪垠《李自成》）还可以是诗句形式的话语。如：万马军中一小丫，颜似露润月季花。（曲波《林海雪原》）

第四，原有说法的保留，新潮说法的出现，使得“一＋名”结构扩张了活力。语言运用的雅与俗，都具有美学意义。雅有雅的美，俗有俗的美。看电视连续剧，每一听到操着京腔的人物使用“一＋名”结构，都觉得别有一番风味。再查看文学作品，查看网上相关的语料，终于心有所悟。比如这个例子：“走前她给每人都化了妆，怎么怯怎么捯饬：光宗扣一绿帽子，老丫头戴一花头巾，小真拎一人造革的大黑包，四爷叼一长烟袋。”（魏润身《挠攘》）——这里连续使用四个“一＋名”，前头还用上“怯”和“捯饬”两个北京方言词，言语便因为很土俗很平民化而显得鲜活。王朔、魏润身这些作家，对语言的发展是有所贡献的。应该顺带指出的是：在他们笔下，就“一 + 名”而言，有的也具有书卷气。比如：人生得一知己足矣。（王朔《无人喝采》）｜元豹似听非听，不置一词。（王朔《千万别把我当人》）——这两例书卷气就比较浓。书卷气和俚俗味，往往跟语境的管控有关。假若上下文出现较多的俚俗词语，就会显示出“一 + 名”的俚俗味；反之，假若上下文书面用语较多，就会显示出“一 + 名”的书卷气。俚俗味和书卷气说法的交错使用，“各显神通”，正好表明汉语中累积起来的不同风格的语言因素各有其生命力。

第五，方言一直在推动着共同语语法的渐变性发展。比方说，南方方言语法前些年奉献了“有没有 + 动”问句。例如：“你有没有去过三亚？”又比方说，以北京话为代表的北方方言，本来就是共同语的基础方言，现如今又奉献了新潮“一 + 名”结构。如果比较一下“我想买一只小洋狗——我想买只小洋狗——我想买一小洋狗”，就会觉得，单用“一”的更为俚俗，更能反映说话人的文化背景。王朔在《美人赠我蒙汗药》中这么写过：“我觉得现在这种嘲笑中已经没什么了，就是一种北方方言，供大伙儿一乐的俏皮话，就是这么一种东西。”在《玩儿的就是心跳》中又这么写过：“这一切多陌生又多熟悉，我几乎已经思想起住这院里的刘小力是个多可爱的姑娘，一嘴京片子，穿着小花袄，身材窕窈，一笑银铃般地清脆。”这些句子的字里行间，透露出他想利用京味来激活语言运用的企望和追求。

第六，子曰：“辞达而已矣。”所谓“辞达”，既指达意，自然也包括传情、调味、添彩等切合需求的取向。两千多年前，孔老夫子已经一语道破了语用需求引领语法格式及其语义内容发展变化的真谛了。群众创造语言，群众使用语言，群众发展语言。研究语言，顺应民心民情，贴近语用实际，这是一大原则。

《光明日报》2012年8月27日国学版

【插说】

此文发表之后，收到作家魏润身寄来的收入“当代京味小说文库”的作品二部。一部是《素琴无弦》，一部是《自残》。作品的封底，都有这么两句话：

王朔、魏润身这些作家，对语言的发展是有所贡献的。

应该顺带指出的是：在他们笔下，就“一＋名”而言，有的也有具有书卷气。——邢福义

北京作家王朔和魏润身，作品中的语言有较浓的京味。“一＋名”的结构，十分常见。——邢福义

多谢作家魏润身先生的关注！

21

邢梦璜与文化黄流

一、海南俊秀邢梦璜

琼崖即海南岛，可简称为“琼”。琼州有时通指海南岛，相当于琼崖；但崖州主要指海南南部的崖城、三亚、黄流一带。邢梦璜即邢禄，梦璜为其字。1265 年，南宋度宗咸淳一年，梦璜经省试举文学，任崖州佥判。后任昌化知军，又任元代万安知军。卸任后定居黄流，为邢氏黄流始祖。邢氏后代，称之梦璜公。他耿直正派，学问渊博，能力出众。出仕，能当好官；提笔，能写好诗文。《邢氏家谱》评价他：“居官廉介，吏畏民怀；淹贯经史，诗文有出尘之趣。”

其诗，清秀高雅，充溢着对家乡对大众的爱心。北宋林逋写过七律《山园小梅》：“众芳摇落独暄妍，占尽风情向小园。疏影横斜水清浅，暗香浮动月黄昏。霜禽欲下先偷眼，粉蝶如知合断魂。幸有微吟可相狎，不须檀板共金尊。”此诗备受赞誉，欧阳修特别推崇。南宋姜白石曾以其中“疏影”和“暗香”作为词牌名称，填了两首颂梅词。邢梦璜也演绎出了别具一格的两首诗。一首以“疏影横斜水清浅”为题：“浮沉深浅自交加，枝向南横又北斜。老态枕流还漱石，孤情欹岸更笼沙。小溪月引参差路，曲涧波摇冷淡花。疏影含香低拂水，梦魂应不远故家。”另一首以“暗香浮动月黄昏”为题：“月上初更色未沉，香非百和见冰心。交情淡处何妨冷，臭味亲时渐觉深。气溢清芬如可挹，魂飞白夜总难寻。暗投自有相知意，独坐黄昏细细吟。”品味两诗意蕴，可知作者借梅表意，通过清丽婉转的语言，反映了对家国人事的深情念想。梦璜另有《雪满山中高士卧》一诗：“花隐空山弄粉条，袁安高卧拟清标。阳春寡和情孤洁，明月无缘梦寂寥。冰欲洗心兼絜冷，玉方镂树耐风飘。人间共羡香名重，谷口寻来雪未消。”像“人间共羡香名重”这样的吟哦，显然反映了作者自重自爱的心理动态与人生追求。

其文，质朴崇实，语言精湛，因记录重要事件而传世。邢氏历史上人才辈出，然以文章传世者，始于梦璜。所著《磨崖碑记》和《至元癸巳平黎碑记》，分别见于《琼州府志》和《崖州志》。《磨崖碑记》写于1269年（南宋咸淳五年）并勒石。记载如下事件：1267年，南宋咸淳三年，黎族陈明甫等人以“三巴大王”之名号，引众占据临川里等地，今三亚市区月川桥一带。朝廷派兵猛击，陈明甫败走黄流，逃亡占城和交趾，后来被俘，受刑亡故。“黄流”一词，便是在《磨崖碑记》中最早见于官方文章。《至元癸巳平黎碑记》写于1293年（元至元三十年），亦勒石。记载如下事件：元朝忽必烈接受献策，为巩固对海南岛中部山区的统治，发兵征压黎族民众。得胜之后，元兵在五指山、尖峰岭一带勒石纪念。直至今天，尖峰岭山脚下还留有“大元军马下营”的摩崖石刻，成了这一事件的历史见证。梦璜二文，为宋朝末期和元朝初期发生在海南的两次“平黎事件”保留了宝贵的原始文字资料，具有重要的史学学术价值。他用他的诗与文，表明了他是集政治家、文学家、史学家和诗人于一身的历史人物。

二、天涯师表邢梦璜

梦璜出身儒门。其太祖肇周，系宋资政大夫，建炎年间（1127—1130）随南宋朝廷从开封南迁钱塘，后经潮州至琼州，系邢氏过琼始祖。其曾祖，曾任南宋宣义郎；其祖，曾任南宋参府；其父宣义，曾任南宋文昌知县。在儒学熏陶中成长的梦璜，为官 33 年，大约将近 60 岁之时来到了黄流。一生跨越宋、元二朝。一般认为，生卒时间逸无可考。但海南历史文化网上登载过一篇《关于建立邢梦璜纪念馆的设想》，其中写道："公元 1324 年 80 多岁的邢梦璜病逝。"由此推知，生卒时段大概是 1240 前后到 1324 年。即生于南宋理宗嘉熙或淳祐年间，卒于元代泰定年间。去世之后，葬于黄流西村水井山。

黄流地处海南岛西南端，为人口较多的自然村庄，古属崖州辖地，今为乐东县黄流镇政府所在地。往东三四十里有著名景点"天涯海角"。就地域概念范围而言，黄流为"天涯海角"所涵盖。《黄流村志》(1999)有个记载：1957 年，广东省文物普查队在黄流海边原烟墩遗址附近，发现了新石器时代遗物，有石珠，圆形中穿孔，属灰砂粗陶系，红色造型。可见新石器时代黄流已有人类活动，历史极为悠久。然而，漫长的历史中，黄流却一直定格于"荒芜"之层次。古代中国，汉武帝深信董仲舒意见："立太学以教于国，设庠序以化于邑，渐民以仁，摩民以谊，节民以礼，故其刑罚甚轻而禁不犯者，教化行而习俗美也。”（《汉书·董仲舒传第二十六》）是以在相对发达地区，早已教化之风大盛。但是，直至宋代之前，海南依然十分落后，而地属琼南崖州的黄流，更是一片荒野。唐朝杨炎有诗：“一去一万里，千去千不还。崖州在何处，生度鬼门关。”

邢梦璜在黄流生活长达26年之久。跟他一起迁来的，还有第四个儿子邢万胜。这是黄流文化教育发展史上的一件大事。举人出身的梦璜，学养深厚，贤良恭谨，声望甚隆。儒门学子一向注重儒家教化传统。孔子说过：“学而不厌，诲人不倦。”孔子对子夏说过：“女为君子儒，无为小人儒。”（你要做君子类型儒者，不要做小人类型儒者。）梦璜对孔子学说自然深有领悟。他到黄流之后，由于条件的限制，当时没有也不可能办起义学、学堂或私塾，但是，他的言传身教，有如春雨，洒绿了黄流大地。黄流从此开启了读书成风的时代。自梦璜入籍，黄流历代通过科举考试获取功名的举人和贡生将近60人。仅就他的子孙而言，可以列出：邢万胜，梦璜第四子，元代世袭土官，任宁远县丞；邢京，梦璜孙，元代世袭土官，任宁远县丞；邢宗馨，梦璜曾孙，明代世袭宣抚土官，任宁远县丞；邢经，梦璜第四代孙，明代世袭宣抚土官，任宁远县丞；邢琮，梦璜第五代孙，明代世袭宣抚土官，任宁远县丞。又，黄流的梦璜后代子孙中，多有学者型人物。比如：邢协中，明万历廪贡；邢克迈，清康熙岁贡；邢元选，清乾隆恩贡；邢肇周、邢耀宗、邢泰中，清嘉庆岁贡；邢修坤，清道光岁贡；邢炳鋆，清光绪附贡；邢保申，清光绪附贡；邢谷典、邢诒兴，清光绪例贡。其中，邢肇周还担任过乐昌训导。明文渊阁大学士、海南琼山人邱濬在《邢氏家谱序》中说："族不徙大，而且多贤。""所传者，则有宋故知军梦璜等，以文学著声前代，载在郡乘可考。"

邢梦璜的影响，穿越时空。现今的黄流，不断以新的面貌给世人带来惊喜。1978 年，黄流中学被确定为海南黎族苗族自治州重点中学之一。1990 年 10 月，国家教委将黄流中学事迹选入"中国名校"一书。1995 年，国家文化部授予黄流"中国民间艺术之乡"的称号。2006 年，中国书法家协会授予黄流镇"中国书法家进万家活动先进集体"的称号。2009 年 12 月揭晓的"海南省十大文化名镇（村）评选"中，黄流登上了"名镇"光荣榜。用"文化黄流"这个新兴结构来表述今日的黄流，再恰当不过；而用"天涯师表"这个重量级短语来形容邢梦璜，自然也再恰当不过。

三、笔者感言

群众创造历史，群众发展历史。但是，重要历史人物具有不可磨灭的功勋。跟邢梦璜共同带动引发黄流文化发展的历代贤达，可以开列出一串长长的名单，辉耀史册，而邢梦璜，无疑是黄流历史天空中最为耀眼的一颗文星。

国学诸学派各有特出长处，各有卓越贡献。但起码就广度而言，儒学最为深入人心，作用巨大。黄流文教的古今演化，便是实证。然而，在今天，在同世界接轨的时代，儒学如何发扬其精华，开掘出若干普世性学理，特别需要努力为之。

《光明日报》2012 年 12 月 31 日国学版

22

辞达而已矣

——论汉语汉字与英文字母词

从秦代“书同文”算起，汉语书面通语已然走过了近两千年的途程。当今，出现了新的一景：使用英语字母词形成热浪，令人注目。是简单地肯定，喝彩叫好，还是简单地否定，指摘排斥，皆不适宜。最好的办法，是大家进行深度思考，献计献策，然后集思广益，形成共识。

一

汉语书面语中出现外来词，自古有之。一种语言，只要跟其他语言密切接触，就难免出现外来词。据古代汉语专家和词汇学专家们的研究成果，可知汉语书面语从来没有中断过吸收外族语言的词语。汉语书面语的突出特点，是使用方块汉字。不管是繁体还是简体，都能帮助我们把同音的词语所表示的意思分辨清楚。比如：飞屑吸入人体致癌。（魏润身《挠攘》）｜这种石头也能治癌。（柳建伟《突出重围》）这里出现了“治癌”和“致癌”。二者的前一个字都读 zhì。正是因为字的形体有所不同，才保证了不会引起误解。这是使用拼音文字的书面语做不到的。

汉语的词汇系统，对于吸收进入的外来词，历来有一定的规矩。这就是，要用汉字来转译。大体说，有以下情况：有时是译音，即用同音近音的汉字来转写外来词。比如英语的 taxi，译作“的士”，有声调，读为 díshì。有时是译音兼译义。即用同音近音的汉字来转写外来词，兼顾表意。比如英语的 hippy 或 hippie，译作“嬉皮士”，有声调，读为 xīpíshì。有时是半译义半译音，即把一个外来词分成两部分，一部分译义，一部分译音。比如把 ice cream 译成“冰激凌”。有时是半译音半译义，即把一个外来词分成两部分，一部分译音，一部分译义。比如把 motorcycle 译成“摩托车”。有时是译音加类名，即在译音部分后边加上表示事物类别的汉字。比如，把 AIDS（Acquired Immune Deficiency Syndrome）译成“艾滋病”。

在转译外来词的时候，汉语书面语往往还注意发挥方块汉字的表意功能，使外来词汉化。比方人名的转译，尽可能在用字上分出男女。如美国作家 Benjamin Franklin 是男的，译为本杰明·富兰克林；美国作家 Willa Cather 是女的，译为薇拉·凯瑟。再比方事物名称的转译，尽可能在用字上显示人们的好恶心态。如 DDVP（dimethyl-dichloro-vinl-phosphate），转写为“敌敌畏”，凸显这种东西之可怕。又如 TOFFL（Test of English as a Foreign Language），指作为一门外语的英语测试，是出国留学生外语考试的一种，用来转写的汉字是“托福”，带上了企求顺利的色彩。

可以认为，汉语汉字系统如何对待和处置外来词，已经形成了具有特色的传统，进入了汉学发展的轨道。

二

当今世界，已经跨进信息化时代。全球的联系和沟通，已经离不开英文字母词。举个显而易见的例子：电子邮件已经成了不同国家人士之间联系与沟通的全球性重要工具，而电子邮件的发件人和收件人都不能不用英文字母词，不然，你的邮箱不能把邮件发到世界各地，世界各地的邮件也传不进你的邮箱。

然而，我们现在需要关注的，不是电子邮件中用于发件人和收件人的五花八门、各人随意自造的英文字母词；而是那些在不同程度上或在不同范围内见于汉语书面、并且显出活跃态势的英语字母词。这些字母词，应该如何评估？应该放在什么样的位置上才合适？

几类现象，可不讨论。第一，阿拉伯数字。不是汉字，但已为全球所通用。现在，无论表示数目，还是表示次序，在我国的报章杂志上，就一般情况而言，使用阿拉伯数字的频率高于汉语数字。比如，283 万元，大都不会写成二百八十三万元；《现代汉语词典》第 6 版，用“6”不用“六”。第二，起着特定作用的某些英文字母。比如起游移泛代作用的 X，起表示次序的 a-b-c-d，起作为人物称呼的阿 Q，等等。第三，非英文字母词。如 HSK（汉语水平考试），为汉语拼音的缩写。《现代汉语词典》，第 5 版（2005）和第 6 版（2012）都在正文后边，以“西文字母开头的词语”为题，列出词条，分别解说。第 6 版所收词条 239 个，其中注为“英”的 197 个，未注国别的 34 个（如 AA 制、DNA 芯片等）。另外，注为“拉”“法”“日”的，各一个；注为“汉语拼音”的，共 5 个。

本文把视点集中在纯粹的英文字母词上面。这是因为，它们最能代表目前风起云涌活力洋溢的字母词。《现代汉语词典》所收的纯英文字母词，只是一小部分，没有汲取的还很多很多。比如，收入了SCI（科学引文索引），没有收入SSCI（前加S指社会科学），也没有收入CSSCI（中国人再在前面加个C指中文）。在高等学校的文科领域，CSSCI可是能否提职称、能否获奖励、博士生的学位论文能否参加答辩等决定人们命运的一个极富“威慑性”的英文字母词。又比如，在学术领域中，不同学科各有习惯使用的英文字母词。现代汉语语法研究领域，会常常见到NP（名词性词语）、VP（动词性词语）、AP（形容词性词语），本学科领域的人是无人不知的。假若稍稍放开收词的范围，便可以知道，英文字母词所形成的潮流，的确可以用汹涌澎湃来形容。

三

面对风起云涌的英文字母词，应该采取什么样的态度？

一方面，要看到英文字母词的语用价值。

存在就是现实，流行必有因由。英文字母词能够在各种场合，特别是在国家大报《人民日报》上面频频出现，如此现象，前所未有。不同的人，对其因由会有不同的感知，因而会做出不同的概括。我个人以为，总的说来，是出于英语字母词对使用者的美感引力。具体点说，起码以下三点值得注意。其一，视觉引力。可以从字形上凸显某种事物，显得醒目突出。比如报道足球比赛："巴萨 vs 皇马"。谁对谁，特别明朗。其二，新知引力。可以通过字形求解字义，增长知识。比如 GDP，指国内生产总值。我当过第 8、9、10 三届全国政协委员，每年两会期间，经常看到和听到这个词。我相信，相当多的人大代表和政协委员本来不知道何为 GDP，但接触多了，也就了解了，于是获得了带有国际性的新知。其三，心态引力。由于新颖而带国际味，因此可以引发人们心理上的高雅感和奇异感。这种感觉，在单位名称和产物品牌名称上，在汉语字词和英文字母词对照使用的时候，相当明显。有一种营养品，盒子面上，中间是"总统牌膳食纤维"，上面是小一号字体的 TRT，下面也是小一号字体的"蛋白质粉"。TRT 是什么，恐怕没几个人知道，可看起来觉得"有档次"。诚然，英文字母词不属于汉语汉字，不能进入现代汉语词汇系统。但是，可以把它看成是一支外来的特种生力军，让它配合汉语汉字，发挥其特定的作用。这是具有积极意义的。那么，英文字母词的使用，会不会引起汉语汉字的混乱？这不必担忧。上面提到的阿拉伯数字，也是外来的。但是，它们在汉语书面语中的普遍使用并没有伤及汉字文化，因为汉语有汉语的应用规律，许多时候阿拉伯数字是使用不上的。比如“推三阻四”“不管三七二十一（搬开再说）”，其中的汉语数词，不能换用阿拉伯数字。又如，八十八岁叫作米寿，这是因为“米”拆开是八十八；九十九岁叫作白寿，这是因为“百”减去“一”是“白”。（参看张德鑫《数里乾坤》，北京大学出版社 1999 年）这种文化底蕴深厚的用法，阿拉伯数字能够干扰吗？

另一方面，要看到英文字母词的局限性。

英文字母词的使用，缺乏实实在在的群众基础。在内容上，英文字母词具有较大的学科术语性和行业习用性。从受众方面看，绝大多数字母词是看不懂的。比如 OLED（有机发光二极管），除了内行者，别说广大民众，即使是大学教授，特别是文科教授，恐怕能看懂的少之又少。从使用者方面看，各人分属不同的圈子。甲圈中人使用的，乙圈中人不一定能懂。比方现代汉语语法研究者用 NP 和 VP，历史研究者可能不知所云。正因如此，英文字母词使用的数量和场合受到了制约。报章中，一般性的文化教育、时事政论等栏目中，较少见到。

语言是交际和交流思想的工具。两千多年前，孔子就已郑重指出："辞达而已矣。"（《论语》卫灵公第十五）朱熹《论语集注》解释道："辞，取达意而止，不以富丽为工。"老祖宗们提出并一再阐释的"辞达而已"，是反映语言应用发展规律的一条深刻学理、一个基本原则。广大群众看不懂的东西，其生命力是有限的。我们应该明确英文字母这一弱点，运用时要想办法弥补这一弱点。请看这个例子：一季度/123家IPO排队/企业终止审查（题目）本报北京4月1日电（记者婿志峰）中国证监会最新公布的首次公开发行股票（IPO）申报企业情况显示，……IPO……IPO……IPO……（见《人民日报》2013年4月2日）——IPO，什么东西呀？这个字母词，连《现代汉语词典》的"西文字母开头的词语"也没有收录。"股票"是个现成的词，为什么还要来一个IPO呢？这篇报道里特意选用IPO，自然是为了取得上面说过的语用效果，不过，写作者也考虑了群众能否看懂的问题，因此首先写出"股票（IPO）"，然后再写"IPO……IPO……IPO……"，这个做法是可取的。

四

《中华人民共和国国家通用语言文字法》2000 年 10 月 31 日由第九届全国人民代表大会常务委员会第十八次会议通过，中华人民共和国主席令第三十七号宣布该法自 2001 年 1 月 1 日起施行。该法强调 :“国家机关以普通话和规范汉字为公务用语用字。”“学校及其他教育机构以普通话和规范汉字为基本的教育教学用语用字。”“国家通用语言文字以《汉语拼音方案》作为拼写和注音工具。”英文字母词不是汉语里的词，也不采用汉语拼音方案，但毕竟参与了当今的中国语言生活，并且具有特定语用价值。这份资源，如何对待，如何汉化，应该引起国家管理部门的高度重视。

个人以为，有必要组织力量编写一部《英文字母词词典》。《现代汉语词典》已经开了一个好头，但“西文字母开头的词语”中收词过少，满足不了需求。比如 IPO 就查不到，CSSCI 就查不到。个人又以为，更有必要立项研究如何做好英文字母词汉化的工作。这是一种“汉化改移”。上面说过，我们已经有了两千年累积下来的外来词汉化改移的优良传统。仅就现代而言，“敌敌畏”“托福”之类的成功使用，就是明证。然而，近年来，这一传统忽然被丢弃了。难道是中国人变得低能了吗？绝对不是。像GDP、DNA这样的词，相当重要。讲到国家经济的发展，总要提到GDP；讲到血缘关系的鉴别，总要提到DNA。能不能将它们汉化，音译也好，意译也好，音译加意译也好，用汉字造出对应的词来，可以进入汉语词汇系统，可以收入汉语词典，这不是很好的事吗？当然，改移以后，原形的GDP、DNA之类仍然可以收入《英文字母词词典》。这可以表明，汉语汉字是强势语言文字，对外来的语言文字，具有多方面的包容力。

汉学，或者说广义国学，在与时俱进的过程中，永远坚守继承与发展优良传统的立场。这传统，可以是古代的，也可以是近现代的。

原载《光明日报》2013年4月22日国学版；
《新华文摘》2013年第13期全文转载

【插说】

跟此文略有相关的，是下面这篇短文。

双语教育与民族精神

“双语”这个概念，作为学术问题来讨论，可以有不同的理解。就目前许多学校的实际情况而言，一般理解为：学生不仅要掌握汉语，还要掌握外语。所说的外语，主要是指英语。

当今世界，发展迅猛。社会越发达，科技越进步，地球就变得越小，中国人与外国人外国书的接触就越发频繁。不懂外语的人，在国际交往中寸步难行；缺乏精通外语的人才，国家犹如缺少了千里眼和顺风耳，要想建成世界强国，便会成为一句空话。培养双语人或多语人，显然是实现中华民族伟大复兴的需要，是与时俱进的战略性举措。

但是，在强调学习外国语言的同时，必须教育学生热爱祖国语言，提高民族自豪感。

要热爱祖国语言。汉语是高度发达的语言，从诸子百家的种种观点到毛泽东思想、邓小平理论和江泽民“三个代表”重要思想，都通过汉语来进行了完美的表述。仅仅这一点，就足以说明汉语的精密达到了最高的级度。汉语又是非常优美的语言，具有简匀美，具有节奏美，具有情味美，具有人文美。汉语里，蕴藏着不知多少可以发掘和利用的中华文化珍宝！

要提高民族自豪感。一个民族的语言，是一个民族的标志。人类发展史证明，一个民族不管处于多么危难的时刻，只要它的语言存在，它就不会灭亡；相反，一个民族的语言一旦消失，这个民族也会消失。汉语是华夏民族的共同语，而人口众多、文化悠久的华夏民族所使用的汉语业已跻身世界之林，成为国际强势语言之一。1973 年 12 月 8 日联合国大会第二十八届会议一致通过，把汉语列为大会和安理会的六种工作语言之一。其他五种工作语言是：英语、法语、俄语、西班牙语和阿拉伯语。随着中国国际地位的空前提高，现在，在全球各地，几乎到处都可以感受到学习汉语的热度。作为汉语书面语的中文，正逐渐跃升为全球仅次于英文的新强势语言；其影响，还会继续扩大。所有的华夏子孙，都应为我们祖国拥有这样的语言而自豪。

进行双语教育，必须分清主流语言和非主流语言，不能主次颠倒。在我国境内少数民族地区进行双语教育，“双语”指汉语和某种少数民族语言，主流语言是作为所有中华儿女共同用语的汉语。在面向国际对中国学生进行双语教育的时候，主流语言仍然必须定位为汉语。只有“以我为主”，着力于弘扬中华民族精神，强化民族意识，才能处理好母语使用和外语学习的关系。如果双语教育推行的结果，让学生从小就觉得英语是优越于汉语的语言，潜意识地滋长起卑微的心态，那将是教育的大失败。

《中国教育报》2003年3月11日

23

话说“永远”：从孔子到老舍

《辞海》《辞源》和所能见到的古代汉语词典，只收“永”，不收“永远”。凡是现代汉语词典，都收“永远”，但都只标注为副词。考察语言的历史演变，可以知道，时至当今，“副词”一说已经不能统括所有的“永远”。

从《论语》说起

“永”是个古老的词。文献表明，这个词主要用作副词和形容词。

副词“永”用于状语位置，修饰动词或形容词。《论语》中有个特别典型的用例：四海困穷，天禄永终。（《论语》卷10）大意是：“（尧对舜说）普天之下如果百姓穷困，老天赐予你的这个禄位定会永远终止。”此例有个语境：孔子同弟子们讨论问题，在转述尧对舜、舜对禹的谈话之后，发表已见。其中的“永终”，是“永+动”。至于修饰形容词的用例，例如：决江疏河，洒沈澹灾，东归之于海，而天下永宁。(《汉书》卷57上）其中的“永宁”，是“永+形”。

“永”字用于定语位置或者谓语位置，这是形容词用法。例如：协律改正，飨兹永年。(《汉书》卷5）|贵贱并同，以为永制。(《梁书》卷48）上例“永”分别用作“年”和“制”的定语。又如：霜寒月满窗，夜永人无寐。(《全宋词》蔡伸·生查子）|非其次序，故皆不永。(《汉书》卷25)“夜永”中，“永”单独做谓语；“不永”中，谓语中心词“永”受“不”修饰。按学界基本共识，形容词包括一般形容词和非谓形容词。根据语法特征，古代文献所见的形容词“永”，属于一般形容词。

由于表示“永远”“久远”等意义，“永”字契合人心企求。因此，人们起名喜欢用“永”；中国历代帝王的年号，也喜欢用“永”。这种文化心态，对于语法上“永远”适用面的扩张来说，也许是潜性因由。

宋代以降文言文和白话小说中的“永远”

根据笔者见到的语料，宋代以降，文言文中出现“永远”；从明代起，白话小说中也出现“永远”。“永远”最初以副词身份出现，不久之后演化出非谓形容词。跟“永”相比较，“永远”出现很晚，二者时差千来年。

（一）副词

文言文中，“永远”的副词用法见于《全宋词》。有两例：与君别后愁无限，永远团圞，间阻多方。（胡夫人《采桑子》）｜执手相将，永远成鸳侣。（陶氏《苏幕遮·闺怨》）上例“永远”分别用作“团圞”和“成鸳侣”的状语。往后，元末由丞相脱脱所撰《宋史》中，见到副词“永远”。例如：七年，以十八界与十七界会子更不立限，永远行使。（卷181）再往后，清代张廷玉等人所撰《明史》和毕沅所撰《续资治通鉴》中，也出现副词“永远”。例如：罪无轻重皆决杖，永远戍边。（《明史》卷95）｜金带永远许系。（《续资治通鉴》卷116）再往后，在北洋政府时期编纂的《清史稿》中，“永远”出现频率大增，共有41处，其中40处用作副词。例如：其绅户把持、州县浮收诸弊，永远禁革。（卷122）｜支销浮费及官役陋规，永远裁汰。（卷375）近代白话小说中，副词“永远”形成气候从明代开始，吴承恩《西游记》、冯梦龙《三言》和凌濛初《二拍》中皆可看到。例如：

把那老僧封为“报国僧官”，永远世袭。(《西游记》第95回）｜落得永远快活，且又不担干系。(《醒世恒言》第15卷）“永远世袭”是“副词+动”；“永远快活”是“副词+形”。接下来，清代作品《红楼梦》《儿女英雄传》《老残游记》《官场现形记》等中皆可见到副词“永远”，不须赘说。

（二）非谓形容词

文言文中，“永远”的非谓形容词用法始见于《宋史》，稍后于副词用法。作为非谓形容词，“永远”用于定位，修饰名词；一般不能单独充当谓语，绝对不能受“不”修饰。例如：昌龄又献议导河大伾，可置永远浮桥。(《宋史》卷93）“永远”修饰名词“浮桥”。非谓形容词“永远”和名词之间，有时必须加“之”。例如：择便好田宅市之，为子孙立永远之业。(《续资治通鉴》卷2）上例不能说成“永远业”，“之”是补足音节的要素。又如：其所注意不在暂时之撤防，而在永远之辍戍。(《清史稿》卷526）上例有“永远之辍戍”，其中的“之”是把状语转化为定语的必要手段。一加了“之”，“永远之辍戍”便成了通常所说的“名物化用法”。近代白话小说中，也出现了“永远”的非谓形容词用法。例如：何不教他也做这桩道路，倒是个永远利息？（《醒世恒言》卷 29）｜替老兄想个法子，弄一笔永远经费。（《官场现形记》33 回）上例的“永远利息”和“永远经费”都是“永远 + 名”。也有加“之”字的。例如：思量积攒来传授子孙为永远之计。（《初刻拍案惊奇》卷 13）｜把我那年说的立万年永远之基都付于东洋大海了。（《红楼梦》101 回）上例分别出现了“永远之计”和“永远之基”，都带有文言色彩。值得注意的是：宋代以降出现的非谓形容词“永远”，是在副词“永远”的基础上演化而来的，跟上古使用的一般形容词“永”无关。

现代汉语中的“永远”

现代汉语中，“永远”进一步发展。一方面，用作副词和非谓形容词的“永远”进一步活跃，另一方面，又演化出了一种新的词性，即用作时间名词。

（一）副词

鲁迅《我们现在怎样做父亲》：“假使古代的单细胞动物，也遵着这教训，那便永远不敢分裂繁复，……”这里的“永远”是副词。检索表明，作为副词的“永远”，在现当代不仅保持优势地位，而且显得更为活跃，出现了近古用法中未见到的现象。这是现代汉语更加口语化的结果。比方，做状语的“永远”后边，往往带上结构助词“de”，书面上多写成“地”。例如：正是这种思想，使我的心永远地平静了。（礼平《晚霞消失的时候》）又比方，做状语的“永远”可以重叠使用。例如：就这样永远永远地在一起过下去吧。（冯德英《苦菜花》）｜永永远远地把一段辉煌的历史诉说。（《人民日报》）上例分别使用 ABAB 和 AABB 的重叠方式，都是为了表示强调。再比方，在特定的句管控下，“永远”可以单独见于句尾。例如：祝福你，永远！（皮皮《比如女人》）上例的“永远”，加重了话语的情味。

（二）非谓形容词

曹禺《北京人》：“他……期想更深地感动她的情感，成为他永远的奴隶。”这里的“永远”是非谓形容词。检索表明，到了现当代，非谓形容词显现了新的面貌。主要表现为以下几点。第一，用作定语的“永远”，后边一般带“的”（不再用“之”）。第二，受“永远”修饰的中心词，不仅有典型名词语（如“永远的奴隶”），而且属于动词形容词名物化用法的多了起来。例如：得到的力量却是永远的提醒。（皮皮《比如女人》）｜这种东西是……是那种天生的永远的脆弱。（王朔《美人赠我蒙汗药》）由于受到句法格局的管控，本为动词和形容词的“提醒”和“脆弱”都被名物化了。第三，作为非谓形容词，“永远”可以出现在谓语部分，但必须用在“是……的”之间。例如：一个人的献血行为不可能是永远的。（《人民日报》）上例不能去掉“是……的”的框式。第四，定心结构“永远的X”可以单独使用。一般是用作书文、戏剧、歌舞等的名称。查看人民日报，可以看到《永远的丰碑》《永远的微笑》《永远的秘密》《永远的中国心》《永远的黑土地》《永远的铺路石》《永远的小桔灯》《永远的高原精神》等用例。

（三）时间名词

典型的时间名词“永远”，用在“从A到B”框架中的B位置，被规约为名词。这个框架的特点是：AB分别用在“从”与“到”的后边，AB二者总是词性相同。比如“从播种到发芽”“从弱小到壮大”“从北京到上海”“从早晨到晚上”，“播种”和“发芽”都是动词，“弱小”和“壮大”都是形容词，“北京”和“上海”都是方所名词，“早晨”和“晚上”都是时间名词。由此可以推定：“永远”用在“从A到B”的B位置，是时间名词。例如：《猫》

已连演10年，盛况不辍，它的目标是：“从现在到永远。”（《人民日报》）这里，“现在”和“永远”的对应，决定了二者都是时间名词。跟“永远”相呼应的时间名词是“现在、如今、目前”等。“现在”之类前边，又可以出现“古代、当年”之类形式。这样，便形成先后推衍的一条时间链。例如：你不知疲倦地演奏，从远古到今天，从今天到永远。（《人民日报》）有的时候，“到永远”用在书文题目里面，或者用在誓言口号里面，在语表形式上不出现前项。例如：民族舞剧《山水谣》，根据青年作家刘醒龙的长篇小说《爱到永远》改编。（《人民日报》）海尔人挂在嘴边的话是：“海尔真诚到永远。”（《人民日报》）这里“爱到永远”和“真诚到永远”分别为书名和誓言。有的时候，时间名词“永远”可以复叠使用。例如：现在，我的同学大部分已脱离了教育界，而我，仍留守在这片春晖无边的土地上继续耕耘，并且直到永远、永远……（《人民日报》）这是为了强化无限延伸的后续时间。

总体概说

副词“永”为副词“永远”前身，《论语》中有特别典型的用例。千来年之后，“永远”出现了，发展起来了。考究古今演进，笔者观察到了以下三个“第一次”：1.《全宋词》的胡夫人《采桑子》，第一次见到副词“永远”；2.《宋史》卷 93，第一次见到非谓形容词“永远”；3. 老舍的《四世同堂》，第一次见到时间名词“永远”。审视现代汉语作品，笔者又观察到了以下三个“第一次”：1. 鲁迅的《我们现在怎样做父亲》，第一次见到副词“永远”；2. 曹禺的《北京人》，第一次见到非谓形容词“永远”；3. 老舍的《四世同堂》，第一次见到同时使用副词“永远”、非谓形容词“永远”和时间名词“永远”。即：永远忘不了你的恩！（第一部《惶惑》）｜耻辱是他永远的谥号！（第二部《偷生》）｜她手里仿佛拿到了万年不易的一点什么，从汉朝——她的最远的朝代是汉朝——到如今，再到永远。（第一部《惶惑》）前例“永远”为副词，中例“永远”为非谓形容词，后例“永远”为时间名词。

所谓三个第一次，受到笔者见识之有限，不能也不敢肯定为最早的用例。但是，在时间纵线上，可以帮助我们认识“永远”使用的客观事实。首先，“永远”不只一个词性。特别是，副词“永远”既然《全宋词》里即已出现，那么，涉古词典不应完全排斥“永远”；非谓形容词“永远”既然《宋史》里即已出现，那么便不能认为是近几十年的新兴用法。只有时间名词“永远”始见于老舍《四世同堂》，才是现当代出现的新用法。

不管用作副词、非谓形容词还是名词，“永远”都表示时间，但语义并不等同。副词“永远”，重在表示连续时间中的动态流移；非谓形容词“永远”，重在表示固化时间中的静态凝结；名词“永远”，重在表示时间链中的那段后续时间。比较：她的圆胖脸上永远挂着孩子般的笑。（戴厚英《人啊，人》）｜张秉贵的铜像，依然屹立在百货大楼门前，他那永远的微笑，将留在每一位走进王府井的顾客心间。（《人民日报》）｜在世纪坛上，中华圣火熊熊燃烧，直到永远。（《人民日报》）前例的“永远”是副词，强调了时间移动过程中人们的突出感觉，事实上这种态势并非总是如此。中例的“永远”是非谓形容词，表示的是全程固化的表象，微笑的势态是永恒凝结的。后例的“永远”是名词，表示的是一段无限延伸的后续时间。

语用需求，促进语义和语法的发展演变。从上古万世师表孔子的言辞，到现代语言大师老舍的作品，我们可以观察到“永→永远（副词→非谓形容词→名词）”的历时线索。

《光明日报》2013 年 11 月 18 日国学版（略有修补）

24

语言哲学与文化土壤

一

本文讨论的命题，由钱冠连先生的论文集《后语言哲学之路》所引发。年近耄耋壮心不已的钱先生，是外语界著名学者，广州外语外贸大学教授。这部正准备出版的书，他用电子邮件传来原稿，让我看看。

打开书稿，封面上两行文字映入眼帘：

既然“东方不亮西方亮”是自然的，“西方不亮东方亮”自然也是自然的：后语言哲学在中国文化土壤中生出。

往下翻，首先见到一篇包括两个自然段的“卷首语”。第一自然段开头写道：西方哲学的语言性转向，滥觞于20世纪之初，兴旺70年左右，影响至今，但“形而上学已经恢复了它的中心地位”（苏珊·哈克，见中国人民大学出版社“当代世界学术名著·哲学系列”总序一，2004年

4月）。紧接着，便是上面特别列出的两行文字。

这两行文字，用的是散文体自由表达笔法，凸显的却是无可辩驳的哲学原理。我无比振奋。首先，“既然‘东方不亮西方亮’是自然的，‘西方不亮东方亮’自然也是自然的。”这朴实的话语，让我立即想起唐代诗人王昌龄的诗句“青山一道同云雨，明月何曾是两乡”，并且立即演化成为“青山绿水无偏见，红日何曾忘四方”。其次，“后语言哲学在中国文化土壤中生出”。这豪壮的话语，更让我仿佛看见，有一位中国汉子，站到了高坡之上，发出了信心十足的呼喊。

并非每个学者都能有这样的襟怀和见识。清朝后期以来，外强入侵，国弱受欺，面对洋人，国人往往自卑自贬。这在《官场现形记》《二十年目睹之怪现状》中，可以看到十分形象的描写。这种状况，影响我们好几代人，在学术研究上也是如此。说一件小事。1981年6月，语法学术讨论会在密云举行，这是第一届中年语法学者的学术讨论会，特邀吕叔湘、朱德熙二位前辈出席了会议。在密云会议上，在讨论到句子类别问题时，我谈及高名凯《语法理论》曾提出“句类”“句型”“句模”的三角度分类，话刚出口，一位与会朋友立即打断，说：

“那是高先生自己提的！”接着，他转谈别的问题，我再也没法开口。这件事，三十多年来缠绕心头，一直纳闷困惑。无论什么学说，都是某一个人“自己”先提出来的，为什么外国某人“自己”提出来的就是理论，高先生“自己”提出来的就根本不屑一提？就因为高先生是中国人？这种心理自卑，实际上已经成了一种民族自卑，对于我们的学科建设，对于我们的学术发展，妨害极大。

二

最初的（中国）后语言哲学思路，是钱先生在2007年《西语哲在中国：一种可能的发展之路》一文中提出来的。关于（中国）后语言哲学，钱先生总结出了“四原则”：1. 吸取西语哲（分析传统和欧洲传统）的营养；2. 从日常社会生活中挖掘出新的语言哲学问题（所谓“节外生新枝”）；3. 它的研究方法，主要表现为从词语分析（形而下）找入口，从世界与人的道理（形而上）找出口（乐意接受其他方法与风格）；4. 重视汉语语境，实现西语哲本土化。在本书的导论部分，钱先生写道：“允许有西方的分析传统、欧陆阐释传统，也应该允许（中国）后语言哲学（四原则）的生存与发展的空间。我们要强调的是，中国学者做语言哲学的方式与风格各有千秋，都是花。后语哲四原则单打独斗，就活不了。”我读后情不自禁地感叹：好一颗中国心！好一份中国志！

假若我国能够出现自己的语言哲学，那么便意味着我国已经或者必将形成相关的学派或流派。《后语言哲学之路》一书中，有专文论说“中西语言学的学派与流派”。文中分析道：西方语言学的学派与流派，可圈可点的甚多。中国的汉语研究情况如何？在《北京大学百年国学文粹·语言文献卷》里，从吴承仕、黄侃、钱玄同、林语堂、罗常培、王力、陆宗达，到周祖谟、朱德熙、裘锡圭，所列论文精彩纷呈，却让人看不到学派与流派的任何提示。不过，书中又分析道：吕叔湘对汉语语法研究有很大贡献，对后人有巨大影响，邢福义就是接受吕叔湘影响最深的学者之一。如果不揣冒昧，也许可以给吕叔湘语法研究这个学派起个名，称之为实据派。至于我国的外语学者，没有自己的学派，是显而易见的事实。要说有“流”有“派”，恐怕也是跟着西方在“流”，跟着西方在“派”，在这一点上，我们必须有足够的反省勇气。

我个人曾写过一篇《汉语语法研究之走向成熟》的文

章，发表在《汉语学习》1995 年第 1 期上面。我认为：走向成熟，意味着尚未成熟。因为，毕竟还在“走”，只是“向”。成熟与不成熟，对于一门科学或一种艺术来说，学派或流派是否形成，应是突出的评判标准。而学科的成熟，学派或流派的形成，需要众多学者一代接一代地做长时期的努力，不可能毕其功于一役。水到才能渠成，主观上再着急也没用。后来，我多次就汉语语法研究的学派问题做了若干进一步的解说。窃以为，钱先生提到的吕叔湘语法研究“实据派”，那只不过是一个并未成形的淡淡的影子，表达的是对我国学术界学派问题的关心，仅此而已。我之所以写出上面这些话，是因为，我觉得，我跟钱先生心灵相通，都一直在关注着一个相同的命题。不过，他视野更宽，他的论说哲理性更强，这是我所不及的。

三

《荀子·解蔽》:“精于物者以物物，精于道者兼物物。”意思是：精通某一具体事物的人，可以管理这一具体事物；精通各种事物之理的人，可以全面兼顾地管理各种事物。我们的老祖宗，在这里谈的就是哲学问题。

国学宝库，代表中国文化土壤的地基和主体。从哲理角度发掘国学语言，会加深我们对自己语言的认识。有的语句，比如“己所不欲，勿施于人”(《论语·颜渊》)。这是为人处世的最高准则，反映中华民族最高的精神境界。又如“大道之行也，天下为公”(《礼记·大同》)。这更是追求国泰民安的治理社会的最高准则，反映大道一旦施行便能出现人人都愿为公众之事竭尽全力的理想状态。“己所不欲，勿施于人”也好，“大道之行也，天下为公”也好，都是普世真理。

开掘几千年来一直存在着的文化土壤，必须离析其文言因素和历史印记。只有这样，才能使语言的哲学原理充分显示，让人充分领悟其穿越时空的深刻程度，从而收到“古为今用”的效果。上面解释“精于物者以物物，精于道者兼物物”“己所不欲，勿施于人”和“大道之行也，天下为公”，都已做了离析其文言因素的工作。下面，再举两个例子，既涉及离析文言因素，更涉及离析历史印记。

例子一：学而优则仕。(《论语·子张》)何为“仕”？《现代汉语词典》(第6版)解释道：仕，旧时指做官，如“出仕”。改革开放之前，特别是“文革”期间，强调阶级斗争年年讲、月月讲、天天讲，“学而优则仕”是被当作

“毒草”来批判的。因为，做了官，便成为压迫人民、剥削人民的阶级；要想“学优”的人，皆属追求出人头地、个人利益至上的坏分子。但是，何为“官”？《现代汉语词典》（第6版）解释道：机关或军队中经过任命的、一定等级以上的公职人员。现在，“官民、官兵”的说法很常见，官与民、官与兵绝对不是敌对的阶级或阶层。现在，“官职、官衔、村官”等说法也很常见，实践中，既有百姓投票选村官的做法，又有上级通过考试选拔官员的尝试，都是为了选出合适的学优之人来挑起相应的担子，显然跟阶级斗争风马牛不相及。可见，把“官”的概念和“坏分子”之类概念缠绕在一起，那只是一种历史印记。只要离析掉外加的历史印记，还原其学优者可出任相应职务的本义，这个句子所表达的显然是古今中外普遍适用的哲理。

例子二：劳心者治人，劳力者治于人。（《孟子·滕文公章句上》）“文革”期间，这句话也曾被判为“历史糟粕”，成了为封建帝王制造专制统治的理论依据，遭到了“批倒批臭”。那时候，人们有这么一种认识：“哪里都是奋斗在一线的职工最苦最累但收入最低，从古至今都在向你灌输一个狗日的道理，体力劳动者永远比脑力劳动者低贱，这公平吗？”（见 http：//bbs.tianya.cn/post-319-13575-

1.shtml）何为“治”？“治”的重要义项之一是“管理”。（《现代汉语规范词典》第2版）只要离析掉外加的阶级斗争之历史印记，还原“劳心者治人，劳力者治于人”的朴实本义，便是“善于动脑子的人管理别人，只会干体力活的人为别人管理”或者“从事脑力劳动的人可以管理别人，而从事体力劳动的人只能被别人所管理”之类意思。这显然又是符合社会发展规律的普遍性法则，“治”和“治于”之间并不存在高贵和低贱、压迫和被压迫的关系。

值得注意：有的时候，某些语句所表示的正意，是其比喻义，而不是所用词语的本然含义。比如“三个臭皮匠，当个诸葛亮”。这个熟语用来比喻人多智慧多。毛泽东《组织起来》中就这么说过：“三个臭皮匠，合成一个诸葛亮，这就是说，群众有伟大的创造力。”这反映毛泽东的哲学思想。这样的表述，不能死扣“臭皮匠”和“诸葛亮”的本义。因为，就实际情况而言，多少个臭皮匠都抵不上一个诸葛亮。要是真的抵得上，那么，这“三个臭皮匠”，一定起码也是三个小诸葛亮，而不是三个一般的普通人。

中国的语言学家，应该关心中国的哲学语言，进而关心中国的语言哲学。哲学语言，往往表现为语句的哲学理念，情况极其复杂多样。要说清楚，或者基本上说清楚，必须从不同侧面长时间地做深入的专题研究。可以肯定的是，从古至今，中国不乏哲学语言。“中国梦”，用比喻的方式概括中国人的伟大理想，这便是最新的最为深入人心的哲学语言。至于语言哲学，语言学家们应该重点关心，怎样通过对中国文化的发掘，发展中国特色的语言哲学。语言哲学一旦产生，并且达到一定的高度，学派或流派就会随之而出现。个人以为，中国经济的迅猛发展，已经为中国特色经济学学派的产生准备了极好的条件，中国特色经济学学派必将率先在中华土壤中生出。哲学、历史等学界，都在旗帜鲜明地主张研究工作的中国化、本土化。比较地说，语言学界相对滞后。语言学，内部包含不同层次的许许多多学科；往外说，又跟许许多多的学科发生关联。仅以语言学内部来讲，谁样样都能精通？然而，我们不能没有哲学意识。多了解点语言哲学，多思考些语言哲学问题，这对个人素质的提高和整个学科档次的上升，都会大有好处的。

《光明日报》2014 年 5 月 6 日国学版

25

学术研究不妨多点“小题大做”

如何才能写好一篇文章？关键在于选题。

一般来说，题目小而涵量大，这是好选题。首先是题目要小。这是为了能够对问题做穷尽性的发掘，保证把文章写得深入透彻。小到什么程度？或者针对一个事实，或者针对一个事实的某个侧面，或者针对一个事实某个侧面的有代表性的现象。其次是涵量要大。这是为了存有可以“大做”的空间。所谓“涵量大”，一方面对内具有可掘性，好比开矿，想要开掘的地点有丰富的蕴藏；另一方面，对外具有引发力，可以由此及彼，带动连贯性、系列性的追踪研究。

说个具体例子。“最”是什么意思？权威的《汉语大词典》和《现代汉语词典》对这个词的解释都是：“副词。表示某种属性超过所有同类的人和事物。”作为词典，这个解释无可非议。然而，到底怎样才是“最”？可以称之为“最”的人物，是不是唯一的位居第一的人物？“最……之一”的说法是不是病句？

考察可知，“最X”有的属于客观性表述，是一种科学性的数字式认定，比如“中国是全世界人口最多的国家”；有的属于主观性表述，是一种情绪性的认定，比如“你老欺负人，世界上就你最坏！”在尊重客观事实的表述中，“最X”可以形成一个“最”义级层，所涵容的人物可以是多个体的。比如：中国当代最负盛名的一批作家，如郭沫若、茅盾、巴金、老舍、叶圣陶、冰心、孙犁、萧乾、王蒙等等，都曾将他们的力作交由百花文艺出版社出版。（《小说家》1998年第4期封底）这里，指出“最负盛名”的作家有“一批”，列出了9个名字，而且还加了“等等”。这是“最”义级层涵容“多个体”的典型例子。2000年，我在《中国语文》上发表《“最”级层的多个体涵量》，对现当代作品中“最”的使用情况做过全面描述；2014年，我又在《语文研究》上发表《汉语事实在论证中的有效描述》，用大量例子进一步证明同类用法自古有之。例如：有十子，靖、庄最知名。（《周书》卷四二）城里有乌、吴、莫三位这等一班最关切的人。（《儿女英雄传》三六回）两例分别见于文言作品和近古白话作品，“最”

的指称对象都是二人及以上。

既然“最”所涵容的人物可以多个体，便不一定是位居第一的人物。比如：这是北京第二座最大的王府，仅比怡亲王允祥的府邸略小一点。（二月河《雍正皇帝》）此例等于说北京有两座最大的王府，怡亲王府邸是第一，“这”是第二。既然“最”所涵容的人物可以多个体，“之一”的说法便可以成立。例如：她在外贸局是最穷的人之一。（方方《白雾》）之所以用“最……之一”，显然是考虑了表述准确的分寸。诚然，在汉语语法系统中，“最”的涵义和用法是个很小的题目，但如果不付出时间和精力去“小题大做”，人们的认识就会停留于模糊的原点。

末了，强调两点意思。第一，任何学科领域都存在无法计数的盲点。不断解除盲点，学科才能不断走向成熟。而盲点的解除，需要下苦功“小题大做”。第二，“小题大做”最能锻炼一个人的研究能力。只要“小题大做”形成习惯，由此及彼地一步步走下去，必能形成自己的研究特点和风格，成为学术俊士。

《光明日报》2015年4月2日国家社科基金版

26

三国演义之“关公”

“姓氏 + 公”，表敬称谓，古人常用。大都用于第三人称；有时用于第二人称，接近于“您”。够格称为“X 公”者，为数不多，并非固定指称某个人。然而，有个独特的实例，就是在中国，只要提到“关公”，大家一般都会知道，是指关云长，即关羽。《三国演义》里，“关公”共出现 521 次。曹操，那个时代最为叱咤风云的人物，被称为“曹公”却只有 30 次。至于其他人物，比如刘备，被称为“刘公”，只有 3 次；董卓，被称为“董公”，只有 2 次；丁管、陶谦、袁绍、袁术等，被称为“丁公”“陶公”“袁公”等，都只各有 1 次。要知道，正史《三国志》中，即使在《蜀书》里，可以多次见到曹操被称为“曹公”，却未见到关羽被称为“关公”。

《三国演义》里，“关公”不仅使用频率特高，而且是第一个出现的“X 公”。例如：“乃分关公引一千军伏山左，张飞引一千军伏山右，鸣金为号，齐出接应。”“关公曰：‘卢中郎已被逮，别人领兵，我等去无所依，不如且回涿郡。’”这两例，见于开篇第一回：“宴桃园豪杰三结义，斩黄巾英雄首立功。”当时关羽很年轻，未有冒尖表现，却已获得了“公”的尊称。再看这个例子：“玄德听令，拨关公、张飞各引军一千，伏于山后高冈之上，盛猪羊狗血并秽物准备。”（第二回）这里，关羽称“关公”，刘备和张飞没能得到这个荣誉。桃园结义的时候，“刘、关、张”各多少岁？据《三国演义》的交代，刘备是28岁。那么，二弟关羽可能是25岁上下。但是，上网查看史家的论述，可以见到这么个说法：“刘、关、张三人桃园结义时的年龄分别是关羽25岁，刘备24岁，张飞20岁，大哥应是关羽而非刘备，三国演义之说乃是对史书中刘、关、张三人恩若兄弟的想象与附会，不足为信。”是否如此，尚需做更深入的研究。然而，无论如何，关羽这个站立刘备身后的青年马弓手，被破格称“公”，是独一无二的。演义的作者穿越了时空，把社会大众的共识性认可注入这个人物，使之一开始便“圣”化了。

关羽成为“武圣”，应是讲故事讲出来的。而流传面极大的《三国演义》，应是把“关公”托上神坛的巨手。

笔者认为，这部文学作品对关羽形象的塑造，主要突出了三个方面的特点。这就是：雄表、神勇、重义。“身长九尺，髯长二尺；面如重枣，唇若涂脂；丹凤眼，卧蚕眉，相貌堂堂，威风凛凛。”这是《三国演义》第一回所描写的关公之雄表。至于神勇，演义中有声有色的描写甚多。温酒斩华雄，闪电般砍杀颜良、文丑、蔡阳，速度之快令人震惊。刮骨疗毒，谈笑自若，单刀赴会，无所畏惧，其英雄气派同样成了大众之美谈。这里，着重聊聊重义。

《三国演义》对关羽品格的描写，主要是围绕着“义”字来展开的。比如，第二十五回屯土山上张辽劝降关羽，关公怒曰：“吾今虽处绝地，视死如归。”张辽大笑曰：“兄此言岂不为天下笑乎？”公曰：“吾仗忠义而死，安得为天下笑？”这句话里用了“忠义”。这句话可以说成“吾仗义而死”，不能说成“吾仗忠而死”，可见表意重点在“义”。后来，在张辽劝说下，关羽提出三点要求：“一者，吾与皇叔设誓，共扶汉室，吾今只降汉帝，不降曹操；二者，二嫂处请给皇叔俸禄养赡，一应上下人等，皆不许到门；三者，但知刘皇叔去向，不管千里万里，便当辞去。”张辽回报曹操，并说关羽表示，一定在做出贡献之后才离开。操曰：“云长义士，必不失信。”这句话里，跟“信”

相对应，凸显了“义”，“义”与“信”之间存在因果关系：由于有“义”，因而必有“信”。再后来，关羽用一系列的行为表明了他的“忠义”和“信义”。比方说，曹操见关公所穿绿锦战袍已旧，即度其身品，取异锦做战袍一领相赠，关公受之，穿于衣底，上仍用旧袍罩之。再比方说，曹操送关羽赤兔马，关羽异乎寻常地高兴：“吾知此马日行千里，今幸得之，若知兄长下落，可一日而见面矣。”后来，身在曹营心在汉的关羽，终于知道刘备去向，于是出现了千里走单骑的一串故事。关羽写书一封，辞谢曹操。书中写道：“羽少事皇叔，誓同生死。”“回思昔日之盟，岂容违背？”于是将侯印悬于堂上，将所受金银全部封置库中，然后请二夫人上车，跨上赤兔马，手提青龙刀，护送车仗，径出北门。所历关隘五处，斩将六员。路上安歇馆驿，曹操欲乱其君臣之礼，让人安排关羽同二嫂共处一室，关羽秉烛立于户外，自夜达旦。关羽同刘备会面之后，驰骋沙场，进而独当一面，干了许多轰轰烈烈的事业，不必一一赘说。据《三国演义》的描述，关羽被杀时 58 岁。其中写道：“关公夜走临沮，为吴将所获，义不屈节，父子归神。”在其生命终结的时候，还是用了一个“义”字。

关羽聚“雄表、神勇、重义”于一身，而跟关羽形成鲜明对比的，应是吕布。光看“雄表、神勇”，关羽不一定能排名第一。吕布是公认的美男子，器宇轩昂，身材高大，民间传说身高一丈。至于勇猛，关羽似乎打不赢吕布。若是单挑，关羽恐怕只能全身而退。然而关羽重义，吕布却是“见利忘义”之小人。正如曹操对刘备所说：“布乃无义之辈！”（第十六回）因此，吕布为人所不齿。赤兔马，先属吕布，后归关羽。吕布被杀，赤兔马没有反应；关羽被杀，赤兔马绝食而死。《三国演义》用拟人笔法渲染赤兔马，加强了关羽一生义无反顾的魅力。

那么，关羽有没有缺点？自然有。他只是个人造的“神”，实际上还是个人。凡人，都有缺点。《三国志》作者陈寿评曰：“羽刚而自矜。”他过于高傲，有虚荣心。《三国演义》中可以看到几处具体描述。比如，马超降刘，远在荆州的关羽听说马超武艺高强，便要入川跟马超比试比试。诸葛亮给他写了一封信，说他好话，他才高兴，并且让部下传看诸葛之信。又如，刘备评五虎将，将黄忠列入，关羽甚为恼火，说大丈夫不与老卒为伍，未免心胸狭小。然而，这类缺点，跟“义”无关，反而能表明他直来直去的性子。好些时候，他是有自知之明的。比如，张辽武艺如何？他对张飞说：“此人武艺不在你我之下。”有的时候，他还能自我检讨。比如，当过马超部将、后来归降曹操的庞德，让士兵舁榇挑战，放言击败关羽，摧毁其声望，关羽大怒：“天下英雄，闻吾之名，无不畏服。庞德竖子，何敢来藐视吾耶！”等到二人大战一百回合不分胜负之后，关羽回寨，对关平说：“庞德刀法惯熟，真吾敌手。”可见，《三国演义》在大力神化关羽的同时，也不掩饰关羽作为人的通常性——喜怒哀乐的一面。

清初著名文学批评家毛宗岗，把关羽称为《三国演义》中“三绝”之“义绝”。另外“二绝”为：智绝，诸葛亮；奸绝，曹操。义字当头，说一是一，这是关羽的最大优点。哪怕是对曹操，也是如此。赤壁之战，曹操兵败，华容道上，原本可以捕杀曹操，但立下了军令状的关羽，还是调转马头，把曹操放走了。为什么？当年，千里走单骑之前，在给曹操的辞谢书中，他曾写道：“新恩虽厚，旧义难忘。”“其有余恩未报，愿以俟之异日。”他看重一言九鼎的分量，他放走曹操是实践诺言。在一般群众心底里，这也是可贵的“义”。

“榜样的力量是无穷的。”不管什么年代，人们都需要榜样。孔子说：“君子喻于义，小人喻于利。”（《论语·里仁》）君子与小人之主要分别，在于秉性重义，不屑于醉心谋取私利。换句话说，是发自内心地守范于超物质的道德价值，而不是时时处处只想到有利可图。古人经常强调这一点。“万事莫贵于义”（《墨子·贵义》）；“以义取人，以道自任”（韩愈《送石处士序》）；“临义而思利，则义必不果”（苏轼《利者义之和论》）。诸如此类的名言，不胜枚举。用这些理念来审视关羽，应该说，在讲述古代优秀传统的时候，他是可以成为榜样的历史人物的。

《光明日报》2015 年 6 月 22 日国学版

27

莫写“新型”错别字

我们在汉字的书写上，碰到一个新问题。这就是：如何正确书写某些汉字的繁体。

“胡”字何义？《现代汉语词典》试用本于1973年由商务印书馆出版，那时该词典解释“胡”字，就已明确地分为四个词条。即：【胡[1]】①古代泛称北方和西方的外族：胡人。②古代称来自北方和西方外族的东西，也泛指来自国外的东西：胡琴丨胡桃丨胡椒丨胡萝卜。【胡[2]】副词，表示随意乱来：胡闹丨胡说。【胡[3]】〈书〉疑问词，为什么、何故；胡不归？【胡[4]】（鬍）胡须。

四类“胡”字，只有第四类表示“胡须”的“胡”才有繁体的“鬍”，其他三类“胡”字，本来就写作“胡”，跟胡须无关。然而，1997年，看电视连续剧《逃之恋》，看到了剧中有蔡锷的字幅：“上馬擊狂鬍，下馬草軍書”。该剧从头到尾，只要是女主角小凤仙居住的地方，都显现这两条字幅，屏幕上还常常通过特写镜头放大出来让观众看。

蔡锷用繁体字书写，这符合历史背景，完全正确。然而，把“狂胡”写成“狂鬍”，却是电视剧制作者的错。蔡锷本人，绝对不会这么写。“上马击狂胡，下马草军书”，引自宋代陆游的《观大散关图有感》，“狂胡”即“猖狂的胡人”，指金兵，怎么能写成“狂鬍”？已故大书法家、大学问家启功，有一部诗集《启功韵语》。《自序》中说：“我们这族人在古代曾被广义地称为‘胡人’，……”；诗集中，《南乡子·因病住医院时》里有这样的句子：“试向草原群里看，山羊。个个胡须一样长。”如果用繁体字书写，“胡须”可以写“鬍鬚”；然而，要是把“胡人”写成“鬍人”，岂不让启功老先生在天国里恼火万分？！

没想到，十几年之后，又看到同类现象。

2015年12月下旬，中央电视台八套放映30集电视连续剧《十里香大酒坊》。看到第12集，忽然发现“十裏香”的写法。前面各集没注意书写情况，从13集起，就注意了。于是，大门正面的招牌“十裏香大酒坊”和“十裏香分店”，连续不断地扑入眼帘；运酒马车插上大红旗，上面写着“十裏香大酒坊”，迎风飘动；贴在酒罐上的红条子，全都写着“十裏香酒坊”。

《十里香大酒坊》是让现代人看的，字幕全用规范简体字，这完全正确；这部电视剧说的是从清朝末年开始的事情，为了符合历史事实，酒坊的名称和招牌用繁体字书写，也是完全正确的。问题在于，“十里香”的“里”可以写成“裏”吗？

有的时候，“里”就是“里”，不能写成“裏”。这样的“里”，有两种：

其一，量词，为计算长度的度量衡单位。使用频率很高。

例如：大约还有一里路的光景。（莫言《檀香刑》）｜十里、二十里、三十里，越走越远。（戴厚英《流泪的淮河》）｜背后，则是一条横贯九域的万里长江。（余秋雨《文化苦旅》）——其中的“里”，前边出现数词，可以用“多少（里）”提问。

又如：1 市里等于 150 丈，合 500 米。（《现代汉语词典》用例）｜这辆桑塔纳的时速此时已经超过了 120 公里。（张平《十面埋伏》）｜呼家堡东西长，南北短，方圆仅 157 平方公里。（李佩甫《羊的门》）——其中的“市里”“公里”和“平方公里”也是度量衡单位，前边出现数词，可以用“多少”提问。

其二，跟家乡或街巷意思相同或相近的用字。

例如：船外，屈原故里过去了。（余秋雨《文化苦旅》）丨亲友、邻里都来慰问、告别。（陆文夫《人之窝》）丨两棵高大的香樟树把里弄遮得不见天日。（陆文夫《人之窝》）——“故里”即故乡，“邻里”跟邻居意思相近，“里弄”跟巷子意思相近。

有的时候，“里”的繁体是“裏”。这样的“里”，一般是跟“外”相对的方位词。方位词，包括“里、外、左、右、上、下、前、后、东、西、南、北”，等等。例如：赵得宝从碟子里挑了一块用金黄色纸包着的蜜蜂奶糖。（周而复《上海的早晨》）丨论长相论人品论本事，百里挑一千里挑一万里挑一是选美的材料。（魏润身《挠攘》）——这里的“里”，如果有需要，便可以写成“裏”了。

再看这两个例子：在晴空万里的大好天气里，都能一直走到一块吗？（郁秀《花季雨季》）丨李自成离开校场大约走了十里山路，来到了一个湾子里。（姚雪垠《李自成》第一卷）——前例和后例都出现两个“里”，但只有“天气里”和“湾子里”，才可以在必要的时候写成“天气裏”和“湾子裏”；“万里”和“十里”，不能写作“万裏”

和"十裹"。

"十里香大酒坊"的"里"是表示长度的度量衡单位,"十里香"等于说"香十里",强调酒特别香,香气飘得很远很远。这是一种修辞上的夸张用法。《水浒全传》上海人民出版社1975年版本第29回就有诗句:"未必开樽香十里,也应隔壁醉三家。"如果往前推,可以知道,"十里香"也好,"香十里"也好,在唐诗宋词里就已经看到了。

例如:邠王玉笛三更咽,虢国金车十里香。(《全唐诗》)丨隐隐认遥黄。隔溪十里香。(《全宋词》)丨夜深河汉冷秋容。前驱香十里,飘堕月轮东。(《全宋词》)丨一色荷花香十里,偷把秋期频数。(《全宋词》)——前两例用了"十里香",后两例用了"香十里"。

"十裹香"的写法,又一次让错别字在中央电视台上堂皇亮相!

从"狂翻"到"十裹香",都不是电脑的呆板转换,也不是小学生的幼稚手笔。说白了,都是我们在高级层次上犯了低级错误。从主观上讲,是制片人和相关工作者的问题;从客观上讲,会在文化素养这一侧面有损于民族的形象和尊严!

文明的社会,一定会珍惜和保护自己的语言文字,绝对不容许轻率地糟蹋。提高文化素养，是国家和民族的大事。建议相关部门关心这件事，采取多种多样的办法去解决。比方说，组织编写具有针对性的小册子，推向学校，推向社会，推向媒体；又比方说，电视台开展娱乐活动时特意安排“纠错”节目，如此等等。

《光明日报》2016年2月21日语言文字版

28

自信有为　构建特色

——学习习近平总书记在哲学社会科学工作座谈会上的重要讲话

2016 年 5 月 17 日，习近平总书记在哲学社会科学工作座谈会上发表极其重要的长篇讲话。讲话气势磅礴，涉及面甚广，其中强调了必须加快构建中国特色哲学社会科学。他指出：哲学社会科学的特色、风格、气派，是发展到一定阶段的产物，是成熟的标志，是实力的象征，也是自信的体现。要着力构建中国特色哲学社会科学，充分体现中国特色、中国风格、中国气派。他还特别提到毛泽东。他先引用恩格斯的话："一个民族要想站在科学的最高峰，就一刻也不能没有理论思维。"接着指出：毛泽东同志就是一位伟大的哲学家、思想家、社会科学家，《矛盾论》《实践论》等哲学名篇至今仍具有重要指导意义，许多调查研究名篇对我国社会做出了鞭辟入里的分析，是社会科学的经典之作。

我的专业是汉语语言学，主要从事语法研究。结合自己的专业，学习了总书记的讲话之后，我认为要想在建设一流学科中有所作为，最重要的一点，是必须在自强自立、敢于锻造中国学派上狠下功夫。

综观中国语言学的各个分支和各个领域，具有共性的突出问题主要表现在两个方面。一个方面，是创新性理论不多，原创性学说缺乏；另一个方面，是醉心摩登，急于求成，弄虚作假也随之而泛滥。

我们需要“引进提高”。所谓“引进提高”，是指通过引进国外学术思想、理论和做法，促使本国的研究水平得到理想的提高。没有引进提高，就没有中国的现代语言学，这是历史事实。但是，我们更需要“自强自立”。所谓“自强自立”，是指不依成法，自力更生，自我创造。“引进”的目的，是“提高”；“提高”的结果，是创造出自己的模式；自己模式的成熟状态，是中国特色学术流派的形成。1995 年，我在《汉语学习》第 1 期发表一篇《汉语语法研究之走向成熟》的文章，已经指出：一个学科是否成熟，其突出标志应该是这个学科是否形成了特定的学派或流派。从这一点看，科学跟艺术情况相同。比方说，我国的京剧表演艺术已经达到了成熟的高峰，最基本的表现就是形成了这“派”那“派”，只要一提到“梅派”和“程派”，稍有京剧表演艺术知识的人就会知道这是两个具有各自特点的著名流派。又比方说，我国的书法艺术早已达到了成熟的高峰，最基本的表现就是形成了这“体”那“体”，只要一提到“颜体”，稍有书法艺术知识的人就会知道它是不同于“柳体”“欧体”等的具有独特风格的书写体，甚至还会知道颜真卿打破了“书贵瘦硬”的传统书风，开创了二王体系之外的新体。中国语言学，仅就汉语语法学而言，虽然发展速度很快，但至今仍然缺乏显示成熟的鲜明标志，距离真正成熟还十分遥远。

“构建中国特色”，这是纲领性原则定位。中国语言学要真正做到“同国际接轨”，必须以“能够跟国外理论平等对视”作为基本出发点，不能引进、引进、再引进，一味跟着跑，永远处于附庸地位。接轨是双向的，要跟强者接轨，自己必须成为强者。弱国无外交，小羊不可能和狼接轨，在学术上也是同样的道理。只有一方面重视“引进提高”，一方面重视“自强自立”，二者相互补充，相互促进，形成良性循环，我们的语言学科才能够真正发展起来。

假若有人质疑：就凭你，能建立学派？我们的回答是：不能这么立论。个人的力量微不足道，世上没有一个可以包打天下的好汉。好像“众”字，需要三个“人”字互相支撑，彼此协作，矗立起铁塔式形象。学科的建设和发展，需要的正是一种“众”字精神和气势。一个学派的形成，起码需要三五十年，需要几代人的接力，绝对不能一蹴而就。从无到有，从小到大，这是事物发展的必由之路。现在，必须大声疾呼，要有一种学派的意识，要有一种形成学派的追求。有没有这个开端，至关重要。正像一部大剧，没有序幕，就不会有剧情的发展。

假若有人质疑：中国语言学家能建立起自己的学派吗？我们要反问：为什么不可以？在一篇文章里，我曾说过这样的话：学科的发展，映射伟大的民族精神。尽管需要时日，然而，中国的语言学家，有志气也有能力创建有中国特色的汉语语言学，形成自己的学术流派。提一个发人深省的历史事实。当年，王明从苏联带回来一套一套的理论，但是，不符合中国的国情。毛泽东把马列主义跟中国革命实际结合起来，写出了《论联合政府》《新民主主义论》等论著，特别是写出了哲学著作《实践论》和《矛盾论》。毛泽东很了不起。在哲学社会科学领域，毛泽东创建了一个特别大的“中国学派”！我们应该总结“毛泽东的启示”，从而得出一个明确的结论：中国人，能够干出令世界震惊的任何事情。现在，中国已经进入了民族复兴的伟大时代，我们应该也可以大有作为。个人深信，中国正在阔步走向世界，中国的语言学，也必将阔步走向世界。（郭生《在突破口上——邢福义谈建立中国特色的汉语语法学》，《光明日报》2004 年 10 月 21 日）

不必讳言，“心理自卑”多年来成了不利于我们学术发展的因素。清朝后期以降，外强入侵，国弱受欺，面对洋人，自卑自贬。这在《官场现形记》《二十年目睹之怪现状》中，可以看到十分形象的描写。这种状况，影响了我们几代人，在学术研究上也是如此。说一件小事。1981 年 6 月，语法学术讨论会在密云举行，这是第一届中年语法学者的学术讨论会，吕叔湘、朱德熙二位先生出席了会议。在“密云会议”上，在讨论到句子类别问题时，我在发言中谈及北大教授高名凯《语法理论》一书，说书里曾提出“句类”“句型”“句模”的三角度分类，话刚出口，一位与会朋友立即打断，说：“那是高先生自己提的！”接着，他转谈别的问题，我再也没法开口。这件事，三十多年来一直萦绕心头，挥之不去。无论什么学说，都是某一个人自己先提出来的，为什么外国某人“自己”提出来的就是理论，高名凯先生“自己”提出来的就根本不屑一提？就因为高先生是中国人？这种心理自卑，实际上已经成了一种民族自卑，对于我们的学科建设，妨害极大。

我 1997 年在东北师范大学出版社出版的《汉语语法学》，曾获得全国高校社会科学成果一等奖和中国图书奖。今年，由商务印书馆出版修订本；同时，英国著名的有 200 年历史的泰勒弗朗西斯出版集团及其所属的有 180 多年历史的卢德里奇出版社出版英译本。我在修订本自序中写道：

学术交流，文化沟通，彼此尊重，互促共进，这是当代国家发展、社会进步、学术繁荣的全球性总趋势。我国语言学界，一方面大力引进国外理论，并且努力使之适应中华水土，融入中华学术；另一方面，也尽力于让国人之成果走出国门，在国际上亮亮相。也许，目前的亮相还做不到抢眼，但是，不是今年过后还有明年，明年过后还有后年、后年的后年吗？

根据《国家社会科学基金管理办法》的有关规定，全国哲学社会科学规划办公室近年来新设立了国家社会科学基金中华学术外译项目。这一决定正确果敢，犹如号角，令人鼓舞，应是中华文化伟大复兴的战略性举措。2015 年

12 月 31 日，外译项目立项名单公布，拙著《汉语语法学》（修订本），由华中师范大学外国语学院王勇教授领头，译成英文，获批立项。接着，俄国圣彼得堡大学出版社又表示要出版俄文译本，韩国中国语教育学会会长、延世大学金铉哲教授也准备译成韩文。我深受激励。

自序的末尾，我又写道：

做学问难。要真正做到"充分""充实"和"充足"，谈何容易！应该知道个人力量之有限。只有大家共同努力，而且一辈辈地接力攀登，才有可能不断取得可喜的进步！

汉人韩婴："慎于言者不哗，慎于行者不伐。"不哗众取宠，不自我夸耀，这话启示我们要有良好的学风。唐人刘禹锡："山积而高，泽积而长。"大山因土石长期积聚而高耸，大河因点滴之水长期积聚而远流，此言深有哲理。学术之繁荣，就表现为山青水绿，百花竞放！

修订本后记中，我又写了这么两句话："地球在运转，'东方不亮西方亮'和'西方不亮东方亮'都是必然的。学术上的交流和碰撞，必然会激发火花，火花的激发必然会引发学术的进一步发展！"

我心中有数，虽然两位英国或美国的匿名评审专家都有所溢美，但事实上拙著问题多多，正如古人之所说，"文章千古事，得失寸心知”。我在序言和后记里说这些话，是想强调，中华民族是伟大的民族。现在，中国已经进入大振兴时代，正在阔步走向世界。尽管需要时日，只要坚持不懈，中国的语言学，也是能够有所作为的。

《光明日报》2016 年 6 月 13 日国学版

29

自我出新　据实立新

贯彻落实习近平同志在哲学社会科学工作座谈会上的重要讲话精神，对于学者来说需要回答一个问题：如何为学？中国数千年灿烂文化经历代代累积，凝结成了睿智的国学理念。在众多学科领域均能起到引领作用的，当是被概括为“朴学精神”的朴学学风。我把朴学学风归结为“四必”：事实必竭力占有，证据必充足可靠，结论必令人信服，有错必坦诚改之。当下，构建中国特色哲学社会科学，需要弘扬朴学学风。这里不妨结合我国国学、语学发展作一点讨论。

历史不断发展，社会不断进步，万物不断演变。国学也好，语学也好，全都如此。近年来，国学研究展现新貌，并非仅仅停留在“国故”之上。在古代，文字、音韵与训诂皆属国学。古人为了解读经典，研究总结出这三学，称之为“小学”。“小学”是国学宝塔之基层，是学子们在初级阶段必须掌握的工具。这就像有了镰刀，才好割稻；有了锄头，才好开沟。到了现代，中国语学发展迅速、范围扩展，形成了自己的系统，包括四大分支：一为汉语汉字研究；二为语言理论与语言应用研究；三为民族语言研究；四为外国语言研究。文字、音韵、训诂的内容，已为第一分支所涵盖。仅是第一分支，又有许多下位分支。

不管怎么发展变化，任何学科发展的推进器都是一个"新"字。当前，中华文化复兴的客观形势引发了风生水起的国学潮，国学研究院多处成立，国学类活动频繁举行，青少年受到国学氛围的滋润。那么，国学如何以朴学学风为先导不断求新？这个问题许多学者肯定都在探索。就中国语学的求新而言，目前最大的热点是现代汉语语法问题。在这方面，求新需要注意两个方面。

一是植根事实、自我出新。毋庸讳言，一直以来中国语法学者强于刻画事实、弱于创建理论。所谓理论，包括宏观的认识论与方法论。一个学科的成熟，以学派或流派的形成为标志；而学派或流派的形成，是以提出具有强大影响力的理论和推出代表性著作为前提的，同时还应该拥有能够前递后接的良好学术梯队。汉语语法研究已经走过了 100 多年的历程，在事实发掘方面已然取得相当丰硕的成果。对自己的语言，中国人从表层意思到内在文化蕴含都有深刻的领悟，这是我们的最大优势。今后，只要目标明确，在扎根自己语言的前提下，弘扬朴学学风，发挥我们的智慧，创建出“自我”品牌的理论和方法绝对不是做不到的事。宋代叶绍翁有诗：“春色满园关不住，一枝红杏出墙来。”在此不妨改动两个字借以寄托期盼：“春色满园关不住，新枝红杏出墙开。”

二是重视引进、据实立新。现代中国语学，离不开引进的话题。《马氏文通》就是在国外理论的影响下写出来的，后来出现的重要著作基本上也都受到国外理论的影响。但是，国外理论的移植存在一个“水土”问题。众所周知，生长在甲地的果树，如果移植到水土相异的乙地，有的不能生长，有的虽能生长但必须想方设法让它适应新的水土。真正适合于我国语言文字的理论和方法，最终只能产生在我国语言文字的沃土中。因此，应该特别强调“研究植根于汉语泥土，理论生发于汉语事实”。如今，引进的国外理论，大体可分为两类。一类是时新的粗糙说法，只能时髦一阵子；一类是时新而合理的说法，但由于语种有别，不能原样不动地用于汉语。因此，“据实立新”应该成为一条原则。外国的理论应该重视，但又必须按朴学精神做

“洋为中用”的创新性处理。现在，刊物上有些文章忽视客观存在的大量事实，自造一两个例子加以发挥；有的甚至于采用偷换概念等办法曲解事实，借以解证外论，这样显然容易产生误导。

《人民日报》2016年7月25日学术版

30

关于“不亦乐乎”

《论语》开篇即为《学而》。包括三个问句，形成一个句群：“学而时习之，不亦说乎？有朋自远方来，不亦乐乎？人不知而不愠，不亦君子乎？”一、三两句前边的“学而时习之”和“人不知而不愠”，都可以成为格言警句；第二句前边的“有朋自远方来”，仅起叙说作用，但后边的“不亦乐乎”，却是二千多年一直活跃的一个句法结构。本文记录笔者观察之所见。

一 “乐”及其他

“不亦乐乎”中，谓词由形容词“乐”充当。沿用孔子说法，文言文里“不亦乐乎”是个高频小句。再举数例：仆与诸君缓辔而观之，不亦乐乎！（《晋书》）今天下无事，与卿等共之，不亦乐乎？（《金史》）从吾所好，以尽余年，不亦乐乎！（《宋史》）泛长江，临沧海，不亦乐乎！（《资治通鉴》）这个位置上，除了“乐”，例子还很多，一般多用单音节形容词。例如：子之欲成霸王之业，不亦难乎！（《淮南子》）归老故乡，以寿命终，不亦善乎？（《汉书》）必须困至乃虑，穷至乃图，不亦晚乎！（《贾谊新书》）以清白遗子孙，不亦厚乎！（《梁书》）征其意，不亦谬乎？（《旧唐书》）受爵明君之朝，庆觞父母之室，不亦美乎！（《晋书》）——“重、远、难、善、晚、厚、谬、美”都是典型形容词。

也有用别类词的。例如：今鲁君有民而子擅爱之，是子侵也，不亦诬乎！（《韩非子》）余今戮一不孝以教民孝，不亦可乎？（《孔子家语》）尔既杀夫二孺子矣，又将图寡人，为尔君者，不亦病乎？（《春秋公羊传》）——就一般情况而言，“诬”属动词，“可”属助动词，“病”属名词。用例里，这些词都具有表意的描写性和评判性，跟形容词有相通之处。

这个位置上，还可以使用双音节或多音节结构。例如：万一不胜，为中国笑，吾部落不亦解体乎！（《辽史》）日者知用之越，今忘之秦，不亦太亟忘乎？（《韩非子》）必杀十如去荣之材者，不亦其伤益多乎！（《资治通鉴》）以此而言声教，不亦卿大夫之耻乎。(《南史》) 教男而不教女，不亦蔽于彼此之数乎！(《后汉书》) 径行拟用，不亦轻名器而亵国体乎？(《清史稿》)——“解体”为双音动宾结构，“太亟忘”为三音节状心结构，“其伤益多”为四音节主谓结构，“卿大夫之耻”为五音节定心结构，“蔽于彼此之数”为六音节心补结构，“轻名器而亵国体”为七音节联合结构。不管多少音节，都在语义上跟形容词有所关联。

二 “乎”及其他

“乎”是个用于发问的句末语气助词。基本上相当于现今的“吗”。按“约定俗成”的原则，凡是前边为“不亦乐”时，句末都用“乎”。这是因为，“不亦乐乎”是“千古首屈一指的孔圣人”（文康《儿女英雄传》用语）之“语录”，已被“定格”。

然而，当“不亦X乎”中的X不是“乐”的时候，句末也常用别的语气助词。大体情况如下。其一，用“哉”。例如：能振英声于百世，播不灭之遗风，不亦美哉！(《后汉书》) 欲以说辞乱我之心，荣禄喜我之意，不亦鄙而可怜哉！(《列子》) 其二，用“矣”。例如：明主之于劳臣，不亦厚矣！（《魏书》）专断于一司，不亦难矣！（《旧唐书》）其三，用“欤”。例如：隆我魏室，不亦善欤？（《魏书》）一举而复燕、云，破信、彬，再举而蹦河、朔，不亦伟欤！（《辽史》）其四，用“也”“邪”或“耶”。例如：令将士周旋，仆与君公缓辔而观之，不亦美也？（《魏书》）使天下平其曲直，不亦为高义邪？（《资治通鉴》）不待九重之旨，即欲视事，不亦急耶？（《旧唐书》）其五，用“焉”或“夫”。例如：夫晋公子在此，君之匹也，不亦礼焉？（《国语》）愚者恃其所见入于人，其功外也，不亦悲夫！（《庄子》）其六，也有复用“矣乎”的。例如：今陈侯不念胤续之常，弃其伉俪妃嫔，而帅其卿佐以淫于夏氏，不亦渎姓矣乎？（《国语》）其七，也有句末不用语气助词的。例如：而赐加杖罚，不亦非理！（《魏书》）以四州残敝，当他十州之重役，其于终久，不亦至艰？（《旧唐书》）——以上事实，反映了语言运用的多样性。人们不喜欢千篇一律，过于单调。

三 “不亦”

“不”是否定副词，“亦”是语气副词。笼统地说，“不亦”在小句中都充当状语，但处在不同层次之上。即：“亦”修饰“X”，而“不”修饰“不X”。其层次为“不‖亦｜X”。

1. 关于“亦”

“不亦X乎”，通常不能不用“亦”。据笔者之所见，只有在两种情况下，“亦”字才有可能不出现。其一，说成“岂不X乎”。例如：使万代子孙，并皆遵奉，一通藏之宗庙，岂不美乎！（《旧唐书》）——这里的“岂不美乎”大体可以说成“不亦美乎”。其二，“不X乎”中X用四个音节的“太+形容词”。例如：被戮辱者不太迫乎？（《贾谊新书》）——这里的“不太迫乎”，大体可以说成“不亦太迫乎”。

在X用了典型动词的场合，不能使用“不亦”。比方，子贡曰：“何不去乎？”（《孔子家语》）——这里的“去”，跟形容词无关。“何不去乎”，如果说成“不亦去乎”，就跟原意相差太远了。

2. 关于“不”

“不亦X乎”，通常不说“无亦X乎”。但是，并非绝对如此。

请比较：且冢卿無路，介卿以葬，不亦左乎？（《春秋左氏传》）幸福而祸，无亦左乎！（《新唐书》）——前例用“不亦”，后例用“无亦”，二者表意相同。里头的

“左”，是个形容词，有“错、邪、不正常”之类意思。

“无亦X乎”中的X，也有双音节的或者多音节的。例如：儒者家法，无亦取此乎？（《续资治通鉴》）｜无亦神夺其明，厚韦氏毒，以兴先天之业乎？（《新唐书》）——前例的谓词语是“取此”，两个音节；后例的谓词语为“神夺其明，厚韦氏毒，以兴先天之业”，十四个音节。

“无”本为表示否定的判断动词，而“不”是个否定副词。但是，在语言发展过程中，“无”有时向副词转化，因此，二者有时通用。比如：《论语》中的“君子食无求饱，居无求安”，等于说“君子食不求饱（满足），居不求安（舒适）”；《汉书》中就写成了“居不求安，食不求饱”。又如：《尚书》中的“无偏无党”，《墨子》和《汉书》中皆写作“不偏不党”。再如：《礼记》中的“五谷无实”，《吕氏春秋》中写作“五谷不实”。

当然，“无亦X乎”的说法，属于弱势说法。但是，毕竟是形成了事实的说法。

四　白话文中的“不亦乐乎”

作为文言句式，表示判断的“无亦X乎”，在近古和现代的白话作品中相当罕见。但是，必须看到，“不亦乐乎”是个例外。在白话作品里，“不亦乐乎”摇身一变，变出了一种新的用法。这就是：充当补语，表示极度，口气夸张。

先看近古白话文中的例子。比如：忙来劝时，已打得不亦乐乎了。(《二刻拍案惊奇》）好酒好食，只顾教搬来，吃得个不亦乐乎。(《醒世恒言》）几个大人长、大人短，把个陶子尧喜的（得）不亦乐乎。(《官场现形记》）——这里，“不亦乐乎”充当“打、吃、喜”的补语，出现补语标志“得”，有的还嵌上“个”或“一个”。再比如：要写休书，又被你嚷到街上对了街邻骂了个不亦乐乎。(《醒世姻缘传》）待我奉承你一个不亦乐乎！（《金瓶梅》）借吃大菜为名，意想拿住破绽，闹他一个不亦乐乎。(《官场现形记》）——这里，尽管没有出现“得”，但“(个、一个）不亦乐乎”仍然是个补语。

再看现当代作品中的例子。比如：县委书记一直忙得不亦乐乎。(陈世旭《将军镇》）为这事，听说老营里从今天上午就忙乱得不亦乐乎。(姚雪垠《李自成》）他为她搜捕着苔丝，她为他追踪着佐罗，顷刻间便更乱乎得不亦乐乎。(冯苓植《猫腻》）只顾望着我的光葫芦瓢一再欣赏，竟为自己的手艺笑得不亦乐乎。（冯苓植《雪驹》）——这里“不亦乐乎”充当“忙、忙乱、乱乎、笑”的补语，出现补语标志“得”。再比如：他们可真是吃了个不亦乐乎！（刘流《烈火金刚》）真正的“左派”又都是排他的，绝不允许另外的左派的存在，互相斗了个不亦乐乎。（王蒙《名医梁有志传奇》）——这里，尽管没有出现“得”，但“（个）不亦乐乎”仍然是“吃了、相斗了”的补语。

有时也可以见到这样的说法：狄希陈不知张茂实用的是计，合小娇春手舞足蹈，不亦乐乎。（《醒世姻缘传》）沸沸扬扬，不亦乐乎。（莫怀戚《陪都旧事》）——这里的“不亦乐乎”都用在谓语位置。但是，都可以变换为补语：“手舞足蹈，高兴得不亦乐乎”，“沸沸扬扬，闹得不亦乐乎”。

“不亦乐乎”用作补语的说法，已经进入了修辞上夸张辞格的范畴。总体上说，用来渲染痛快满足的感觉，甚至用来强调难以言表的极度。看这两个例子：让去拔草就去拔草，跑来跑去，忙的（得）不亦乐乎。（王朔《看上去很美》）王芳是一个温柔的陷阱，周同身陷其中，不亦乐乎。（叶兆言《不娶我你后悔一辈子》）——上例，尽管十分劳累，却享受到了劳动的快乐；下例，尽管落入了陷阱，却由于那是“温柔”的“陷阱”，所以也是一种满足。但是，请再看这个例子：只怕就是四两五钱给你做了，也要累得你一个不亦乐乎呢！（《二十年目睹之怪现状》）——这个句子，等于说，即使给了你四两五钱，也要累得你死去活来。既然如此，哪来痛快满足的感觉？这里的“不亦乐乎”，是把话说绝，把情况推到极处。

今天，我们使用的“不亦乐乎”已经词汇化。它是作为一个整体来显示其修辞效果的。正因如此，已经在《现代汉语词典》《新华成语词典》等辞书中列为词条。

孔老夫子对中国语言发展的影响，不亦久远乎！

《光明日报》2017 年 2 月 11 日国学版

31

国学的学科化与一流追求

习近平总书记在十九大报告中提出，推动中华优秀传统文化创造性转化、创新性发展。而国学学科化建设，正是依托学科、推动“两创”的具体实践。国学学科化，进而努力追求学科的一流，这反映了广大国学界的研究者与爱好者的心声，令人振奋。我不揣浅陋，用漫谈的方式，说说自己这个国学门外汉的粗浅认识。

从“双一流”说起

“双一流”（Double First-rate），指世界一流大学和一流学科建设，这是中国语言文字中的一个数字减缩式语词。其关键字，为“一流”。

“双一流”的建设，以一流学科为基础。有了足够的一流学科，自然便会形成一所所名副其实的一流大学。

那么，一流学科到底怎样才能建立？

首先，应该强调两点：第一，在队伍建设上，必须“沙里淘金”。不淘掉泥沙，金子就无法闪亮。搞“大拼盘、大杂烩”显然不行。第二，在研究目标上，必须选准并且努力开拓出“一流亮点”。一流学科，是亮点夺目恒定的学科，而不是时明时暗、闪烁不定的广泛性学科。一流学科的认定，凭的是亮点，而不是宽度。以中国语言学为例，这门学科包括一层层的上百个下位学科。古往今来，谁也不能样样精通。语法、语用、音韵、训诂、文字，哪一门都可以成为一流学科。一个语言学者，只要有一门特别精通，就是大学者。如果门门都会，反而可能只是万金油。

接下来，应该进一步强调，一个好的人文社科学科，应该具有以下特点：第一，有根底厚实的历史。这很重要。有过去，才有现在；有过去和现在，才会有未来。临时拼凑的学科，没有经过考验，立即被认定，可能存在争议。第二，有影响久远的成果。能够据实创新，拥有学派性理论和方法。其著作，走出了国门，获得了外国同行的好评。第三，有坚强的团队，成员合作共进。凡是学派，都需要众多学者一代接一代通过长时期的努力才能形成。高呼浮夸的口号，永远达不到目的。

选定好研究对象

研究者必须认准研究视点，并且必须选择出自己有把握做好的研究对象。然后，一个问题接着一个问题地开展研究。犹如吃饭，一口一口地细细咀嚼。

作为汉语语言学的教研工作者，我不懂别的专业。这里，只能选一个跟语言问题有关的例子来讲讲：关于“一带一路”。

“一带一路”（The Belt and Road），为“丝绸之路经济带”和“21世纪海上丝绸之路”二者的简称。习近平主席，于2013年9月7日，在哈萨克斯坦，发表演讲提出共建“丝绸之路经济带”；又于2013年10月3日，在印度尼西亚国会，发表演讲提出共建“21世纪海上丝绸之路”。于是，“一带一路”成了世人热烈称赞的重大倡议。2017年5月，“一带一路”国际合作高峰论坛在北京成功举行。从此，和平合作、开放包容、互学互鉴、互利共赢的伟大精神，搭建成了向世界延伸、向未来拓展的新时代的新桥梁！

从语言学角度来看，语义上，“丝绸之路”和“海上丝绸之路”，古代的“丝绸之路”与现今的“丝绸之路”，有什么样的关系？语用上，“丝绸路”和“经济带”各起什么样的作用？词典里，收入“一带一路”词条，应该怎么解释更为恰当？在国际频繁而多面的接触中，被联合国正式确定为六种工作语言之一的汉语，如何才能充分发挥其作用？国学研究和语用研究工作者，如果能完美回答这一系列的问题，应是时代需要和全世界人民需要的“金砖”献礼！

做学问，贵在坚持。贵在从小到大、从简单到复杂地研究现实中各个方面各个角度的问题。然后，才可以累积经验，累积实力，并且自然而然地经过思维的深化，上升成为理论，归纳成为方法，从而形成学派的雏形。

处理好学科成员之间的关系

好的学科，必有“众志成城”的坚强团队。

简体字里，“众”字是极有启示性的一个字。从结构看，有三个构成部分，是三个人。三就是多，人多力量大。从形象看，是个“人字三角”，像个金字塔，屹立不动。从框架看，三个人字一上两下，上者引领，下者支撑，各尽其能，分工明确。

历史表明，一个学科的形成，是由一个学者群在多年艰苦磨炼的过程中实现的。组成学科的人群，既是静态的，又是动态的。

所谓“静态”，是指在特定的时段中，几年或十来年，成员不变或基本不变。这时，“众”字精神表现为：第一，各人各居其位，各负其责，在总体安排下，完成各自的任务；第二，各人相互协作，互相牵引，在计划要求下携手共进。

所谓“动态”，是指经过几十年甚至百余年的发展，成员变动很大，甚至完全变动。但是，从静态到动态，是渐变而不是突变，尽管人才更替，却始终保持强劲的势头，始终焕发学术优化的青春。

应该指出，不管“静态”还是“动态”，任何时候都得强调成员必备的“学养”和“学风”。“学养”是学术修养、学术涵养、学术高度，是学术蓬勃上升的基础；“学风”是实事求是、认真谨慎、尊重真理、能者为师。目前，学养高超的学者为数寥寥，急待培养；而学风不正的现象屡见不鲜，更需整顿。

争名夺利、醉心私利、排斥他人、唯己第一，对于一流学科建设来说，是破坏力最大的学风。

举个例子。既然有一流学科，必然有一流教授。在一流学科中，既管理行政事务、专业成绩又最具代表性的学者，自然是一流教授。但是，假若有这么个情况：一个一流学科，为了顺利开展工作，学校领导姑且指定了一个总负责人。但是，专业水平最高、学术成就最大的成员，并不是这个“总负责人”。那么，“一流教授”的职称应该给谁？

这类“两难”问题，若不预先确定一个答案，就会发生个人利益的冲突。“团结合作”的学风，就会受到巨大的挑战。

依我个人的意见，总负责人可以给“杰出学科负责人”之类的称号，予以奖励，而“一流教授”称号应给名实相符的研究尖子。这么做，可以鼓励有作为的人冒尖。人才难得！要知道，有才华的杰出人才，若干年内才出一个。

清代文学家赵翼：“江山代有才人出，各领风骚数百年。”这话说得好。不过，我想，若改动两个字，“江山代有才人出，各领风骚若干年”，这样会更好。在当今的中国，只有这样，我们的学术发展，才能更加合乎逻辑地欣欣向荣。

“别样”的追求

宋人杨万里有诗：“毕竟西湖六月中，风光不与四时同，接天莲叶无穷碧，映日荷花别样红。”（《晓出净慈寺送林子方》）诗的结尾一句，用了“别样”一词。这个词，跟“异样”“不同”意义相近，又带有“别具一格”“另辟蹊径”“独树一帜”“匠心独运”等意思，跟“自成流派”相通。“别样”的追求，就是进入“映日荷花别样红”的美学境界，突显自己特色。

要形成学派，离不开缜密的假设和缜密的求证。至于是“大胆假设，小心求证”，还是“小心假设，大胆求证”，还是“大胆假设，大胆求证”，还是“小心假设，小心求证”，这要看研究对象的具体情况，不应简单化地对待。

路是人走出来的。鲁迅说过：“其实地上本没有路，走的人多了，也便成了路。”（《故乡》）

我以为，就“国学学科化”这一命题而言，“返本开新”和“工程化”，是需要坚持的一条基本路径。其结果，新时代的国学研究一定会更上一层楼！

《光明日报》2017 年 11 月 4 日国学版

32

看得懂，信得过，用得上

——学风和文风的“九字诀”

党的十九大报告强调要“加强师德师风建设，培养高素质教师队伍”。我以为，师德师风与良好的学风文风密不可分。这里，我想讲几个小故事，谈谈治学、写作中“看得懂，信得过，用得上”的重要性。这个“九字诀”本是我在议论学风问题时提及的，后来被用作《汉语学报》定稿过程中选用文章的基本要求，其形成已有几十年历史。今天重提是希望对培育良好师德师风和学风文风仍能有所借鉴，希望我们“守其初心，始终不变！”

“看得懂”

作者心里要有读者，所写的文章要让读者读起来感到通畅易懂。

1987年下半年，有幸跟邢公畹先生一起参加一个会议。公畹先生住在我的对面。一个傍晚，他走进我的房间，还没坐下，就摇着头开口说："福义啊，现在刊物上的文章我看不懂了！"我十分佩服公畹先生的直率。公畹先生1914年出生，2004年去世，跟我讲话时已经70多岁了。先生致力于汉语研究和少数民族语言研究，著作等身，在海内外声望甚隆。记得《中国大百科全书·语言文字》（1988）曾经专立词条，记录了他的成就。为此，我感慨万端。一位师辈杰出学人，连他都看不懂的文章，是不是高深得太过分了呢？

在我国语言学界，吕叔湘先生是文风问题上头脑最为清楚的楷模。

1992年1月6日，88岁的吕先生写了"有感"二首。诗的前头，先生写道："新年已入，旧岁未除，养疴多暇，浮思纷呈，漫成二首，词虽谫陋，意则真诚。"其中，最能表达先生希望和风格的，是第二首："文章写就供人读，何事苦营八阵图，洗尽铅华呈本色，梳装莫问入时无。"先生说得真好！文章写出来是为了让人读懂的，何必千方百计摆成迷人的八阵图呢？应该呈现本色，不要追逐时髦！（笔者按：第四句中吕先生用了"梳装"。先生选用字词，从来十分讲究。“梳”即“梳妆”，“装”即“装束”。“梳装”涵盖不同性别，不应随便将之改为“梳妆”。）

作者手里要掌握足够的论据。写作语言研究文章，要提倡语言事实引用的“从众观”。最好不要自己过于相信自己，造出一两个例子，便写一篇大文章。任何人都有局限性，都存在这样那样的盲点。

这里讲讲我自己。我写过《方位结构“X里”和“X中”》一文，发表在《世界汉语教学》1996年第4期。文章根据自己的语感，认为“我昨天夜里做了一个梦”不能说成“我昨天夜中做了一个梦”，于是笼统地断定“夜里”不能说成“夜中”。现在，20多年过去，我才知道，那是仓促概括。查语料库，可以看到“夜中”。例如：这大剪刀……怎么这僵尸竟在夜中偷偷摸了去，我可半点也没知觉？（《倚天屠龙记》）凤姐因夜中之事，心神恍惚不宁，只是一味要强，仍然扎挣起来。(《红楼梦》）且夜中仓卒，宜遣人参审定问。(《晋书》)以上三个例子，说明现当代作品、近古白话作品和文言文作品里都有“夜中”的用法。

《现代汉语词典》从试用本到现在的版本，一直认为“出品”有时用作动词，有时用作名词。但是，有学者予以否定，撰文指出：“出品”是地地道道的名词，其功能和分布跟“出版”之类动词明显不同。如：可以说“不出版、出版没有、出不出版”，但是不能说“不出品、出品没有、出不出品”。

这个讨论很有意义。但是，所提的证据并不周全。事实表明：第一，凡是符合“不X、X没有、X不X”这套格式的，固然一定是动词，但是，不符合这套格式的，不一定不是动词。因为这套格式只是充足条件，而不是必要条件。比如“出身”，“我出身于贫寒农家”中的“出身”肯定不是名词而是动词，但不能说“不出身、出身没有、出身不出身”。又如“着想”，“大家都是为你着想”中的“着想”肯定不是名词而是动词，但不能说“不着想、着想没有、着想不着想”。

第二，实例证明，“出品”有时肯定是动词。比如：测谎器上的英文商标，被成岗一眼就认出来了：美国通用电气公司制造，1948年出品。(《红岩》)通过调查来决定是否值得出品该影片。(网上资料)——前一例，“出品”跟上文的“制造”相照应，显然是动词；后一例，“出品”带上了宾语，无疑是动词。

“说有易，说无难。”王力先生在清华大学的论文《中国古文法中的系词》，被导师梁启超先生评为“卓绝千古，推倒一时”；导师赵元任先生的批语是“说有易，说无难”。1943 年，王力先生在《中国现代语法》一书的“自序”中特别提到，赵先生的批语成了他的座右铭。语言是具有社会性的，在断定有没有、对不对之类问题的时候，一定要坚持“从众观”。不是“唯己”，而是“从众”。我们主张：跳出“个人泳池”，到“社会大海”中去获取答案！

“用得上”

让读者用得上，是写文章的目的。打动读者，影响读者，皆属于“用得上”的范围。我曾写过一篇《治学之道学风先导》，分析吕叔湘先生所提倡的务实学风。在分析吕先生讲究辩证关系时写道：语法研究的成果不能不讲求学术价值，但也要考虑发挥社会效益。吕先生说：“我们的研究取得了很好的成绩，但是在社会上还没有发挥应有的作用。”

从读者的角度来说，清初学者张潮在《幽梦影》中之所写，发人深思，引人入胜：“藏书不难，能看为难；看书不难，能读为难；读书不难，能用为难；用书不难，能记为难。”是啊，能收藏很多好书真的很难，但要能一本本地看，就更难；推演下去，一本本地读懂，还要难；再推演下去，把读书之所得用到自己的生活、工作当中，这是难上加难；又再推演下去，把自己读书用书过程中的点点滴滴，包括失败和成功、教训和经验，统统记住，这更是非凡之难。做到了统统能记，便能融会贯通，成为了不起的胜利者！“山，快马加鞭未下鞍，惊回首，离天三尺三。”毛泽东的诗句，痛快淋漓地展现出了这种意境！

“九字诀”反映了我们的追求。但是，任何事情，要做到完美都是不可能的。我们只能尽力为之，坚持再坚持。借用苏轼的话：“守其初心，始终不变！”

《光明日报》2017 年 11 月 5 日语言文字版

【插说】

跟上文有关联，笔者曾经在《华中师大报》上发表过一篇短文，这里顺手列出，以供参考。

说说做学问

（一）做学问，要找到自己。

好的学者，都善于做学问。善于做学问的重要内涵，是努力做到在研究工作中鲜明地找到自己。

一个人，读了一辈子的书，装满了一肚子的知识，但没有自己的见解，这样的学者不能算是好学者。一个人编出了好些书，看起来是厚厚的一大摞，但实际上没有自己的创造，这样的学者仍然不能算是优秀的学者。只有通过研究，提出了有独创性的成果，从而塑造出自己的形象，能够在学术界实实在在地找到自己的位置，这样的学者才是站到了做学问的高层次之上。

人的智能结构里面，最重要和最可贵的因素是进取。学术事业总要不断发展，不断推陈出新，不断“否定—超越—再否定—再超越”。卓越的前辈们，他们之所以卓越，就在于他们敢于和善于继承和发展，而不是只在老圈子中“跳舞”。

（二）做学问，要总体发挥。

做好学问，要同时调动起各个方面的积极因素。换句话说，各个方面的积极因素要来个“总体发挥”。

以走路来作比。眼里看到了山，心里想着要爬山，然而，要爬山就得走路。走路靠什么？走路不能不靠双脚，不过，又不能只靠双脚。更重要的，是脑指挥脚，全身协调。要走出新路，脑比脚更为重要。

一个学者，要在研究工作中做出成绩，需要同时具备多方面的素养。这就是：厚实基础＋惊人毅力＋灵敏悟性＋有效方法＋良好学风。我们传统上习惯于强调勤奋。诚然，勤奋是极为重要的条件，但是，光是勤奋还不行。只有各个方面的因素都结合起来，进行有效的“总体发挥”，才能形成必要而充足的条件。

（三）做学问，不是做广告。

做好学问，必须处理好为人和学问、文品和文章的关系。为人第一，学问第二；文品第一，文章第二。

一个好学者，什么时候都必须保持清醒的头脑，什么时候都需要有分寸地对自己进行科学的分析和评价。“人眼是秤。”客观评价有如一面社会大镜子，是最公正的客观检验标准。

不要靠语言来表明自己是巨人。换句话说，要用事实来显示自己，不要靠语言来粉饰自己，夸说自己。一个学者，一旦热衷于用商品广告的方式来为自己树“丰碑”，靠语言的粉饰和夸说来为自己做广告，他就开始没有作为，他的学者生命就打上了句号。

《华中师大报》2001 年 6 月 20 日

后　记

2019年2月15日上午，我把这本小书的初稿传给商务印书馆周洪波总编辑，同日下午，我把这本小书的初稿传给李宇明教授，请他们二位看看这个样子行不行。

2月17日上午，洪波发来邮件，说“很好很有特色。我转编辑部往下操作”。

同日傍晚，宇明发来邮件。说了这些话：

把这些文章辑录出版，很有意义。这些文章，多数我都拜读过，每篇都有事，通过说事讲一个道理，这道理或是文化上的道理，或是问道治学的道理。文章耐读，有文趣，可做范文。

而且，学问不仅在书斋，学者所关注的也不仅仅是书斋，社会生活、社会文化生活、社会语言生活，本应是学者泼墨为文的所在，是学者智力哺育的园圃，其中的语言文化问题本应是学术的研究对象。而在学者中，您首先走出书斋，利用《光明日报》发了如此多的上乘之作，对社会文化的进步是一个贡献。

特别是“【插说】”，是一个智慧的创造，把很多文章、人、事关联了起来，所起作用，不仅仅是插说的作用。

此书给商务，商务一定欢迎，我们都期待着大作早日出版。

多谢周李二位的支持。

原稿“前言”第一段的末尾，我想加上“本书适合大学及以上水平的读者翻看”这句话。宇明的邮件中说：

自从2000年以来的高考改革，能上大学的都读了大学。之前的人也都通过夜大、函大、刊大等进行了“文凭补偿”。我们的社会已经基本上是个以大学生为基础的社会了，其实水平不一定达到大学水平。所以，我个人觉得加上“本书适合大学及以上水平的读者翻看”，不是特别必要。

我接受宇明的意见，删去了。

此书从开始到完成，我们华中师大语言所所长汪国胜教授十分关心，也得到了沈威副教授的帮助。特向他们表示谢意！

此书上交到商务印书馆以后，商务的领导决定由段濛濛女士担当责任编辑。濛濛发来邮件，她说：“曾是华师语言系 1999 级学生的我，感到非常荣幸！”我也十分高兴！此书原来定名为《沐光明语学漫录》，濛濛在邮件中又说：“编辑部讨论，建议将书名改为《光明语学漫录》，让我征求您的意见，您觉得如何？”这是应该接受的建议，删去“沐”字，更为精炼大气。作为责任编辑，濛濛女士思路清晰，用语得当，判断准确。特向商务汉语中心的领导和濛濛女士表示谢意！